编委会人员名单

主　　　编：蒋泰维

副　主　编：王宏理　周　毅　陈步顺　孟佳韵

执 行 主 编：俞鼎起

执行副主编：何飘飘

创新崛起

风起云涌的浙商第一方阵

蒋泰维 主编

INNVOATION
LEADERSHIP

浙江大学出版社
·杭州·

图书在版编目（CIP）数据

创新崛起：风起云涌的浙商第一方阵 / 蒋泰维主编. 杭州：浙江大学出版社, 2024.12. -- ISBN 978-7-308-25567-7

Ⅰ. F279.275.5

中国国家版本馆CIP数据核字第2024V5E044号

创新崛起——风起云涌的浙商第一方阵

蒋泰维　主编

策划编辑	张　琛
责任编辑	卢　川
责任校对	朱卓娜
封面设计	Violet
出版发行	浙江大学出版社
	（杭州市天目山路148号　邮政编码　310007）
	（网址：http://www.zjupress.com）
排　　版	杭州林智广告有限公司
印　　刷	杭州钱江彩色印务有限公司
开　　本	710mm×1000mm　1/16
印　　张	21
字　　数	208千
版 印 次	2024年12月第1版　2024年12月第1次印刷
书　　号	ISBN 978-7-308-25567-7
定　　价	78.00元

版权所有　侵权必究　　印装差错　负责调换

浙江大学出版社市场运营中心联系方式：0571-打造88925591；http://zjdxcbs.tmall.com

序 一

浙江,是一片神奇的土地;杭州,是一座史诗般的美丽城市。

宋代词人柳永曾经吟唱:"东南形胜,三吴都会,钱塘自古繁华……"尤其在南宋建都后,杭州成为当时的政治、经济和文化中心,农耕发达、工商繁荣、物产丰富、人文荟萃。元时,意大利著名旅行家、商人马可·波罗以《马可·波罗游记》一书向世界介绍了中国和杭州。晚清红顶商人胡雪岩以杭州为基地,诚信经营,生意辐射大江南北,终至富可敌国。

改革开放以来,人杰地灵的浙江涌现了成千上万名企业家。他们发扬"走遍千山万水,说尽千言万语,想尽千方百计,吃尽千辛万苦"的"四千"精神,砥砺奋斗,艰苦创业,使浙江民营经济发展走在全国前列,诞生了吉利汽车、阿里巴巴、海康威视、正泰电器等著名企业。

2019年10月,由浙江省高新技术企业协会(简称省高企协会)组织编写,蒋泰维主编的《雄居天下——风起云涌的浙商第一方阵》(以下简称《雄居天下》)在浙江大学出版社出版、全省书店发行。一时间读者争相抢购,发行量万余册,在全省企业界反响强烈。多数书中入选企业购书三五百册,供管理骨干和科研人员阅读,许多未入选企业负责人主动找到协会或书店购买。居于全国乃至全球行业前茅的 50 余家浙江企业的创业创新故事，深深打动和启发了读者，尤其是企业家和科研工作者。他们纷纷说："这些精彩案例对科技创新有启发，对企业管理有促进，对市场拓展有指导，且故事生动，文笔优美，可读性强。"他们还打电话建议省高企协会编写续集。为顺应企业家及其他读者的需求，省高企协会再次组织编纂出版《创新崛起——风起云涌的浙商第一方阵》（以下简称《创新崛起》）一书，宣传一批新近崛起的企业的创业创新事迹和经验。我浏览书稿后，不禁拍案叫好！

一是主题选得好！抓住了创新创业这一经济发展的关键。大凡不景气的企业，都存在技术创新不足这块短板，容易受到技术制约。公司产业流程中材料和工艺的选取、生产等每个环节都需要技术支撑。学习交流科技创新的做法和经验，对企业意义重大。

二是企业选得好！案例所选企业多数为浙江创新能力百强企业，涵盖数字经济、生命健康、智能制造、新能源新材料、绿色低碳产业等领域，均为细分行业里的单打冠军或行业翘楚，其原创性经验值得学习和推广。

三是书名起得好！案例所选多数是浙江的独角兽或准独角兽企业，有很强的成长性。它们在风云变幻的市场竞争中脱颖而出，在全球经济低迷的背景下逆势上扬。许多年轻的科技型企业家凭借创新，经数年打拼后企业发展位居行业前列。其业绩可圈可点，经验可学可鉴。

四是时机选得好！在经济复苏期出版本书，既可以介绍做法、传播经验，又可鼓舞士气、提振信心。经济周期是客观存在的，经济发展总是波浪式前进、螺旋式上升的。企业必须练好内功，巧妙应对波折，把握自己的命运。

"道在物中，理在事中"，用生动的创新创业故事诠释企业经营发展的规律和秘诀，是最容易让人理解的，可以给予企业家和管理者以启发。企业是市场经济的主体，不仅是产品和服务的提供者，而且是技术创新的主力军，经济繁荣首先是企业要繁荣。因此，省高企协会编写本书极有意义。

这些迅猛崛起的企业，其成功经验主要有：一是创始人怀梦想、有抱负，事业心责任心强；二是对市场需求有着高度的敏感性，能够及时捕捉商机；三是在研发上舍得资金投入，坚持以创新引领发展；四是广揽人才并予以职位激励、股权激励，调动员工科研积极性；五是通过同行并购，改进技术，拓展市场，扩大规模；六是紧跟国家发展战略，顺应时代潮流。

"他山之石，可以攻玉"，成功企业家的许多理念、精神、方法和经验都值得学习和借鉴。尤其在当前"不确定性"增加的经济形势下，本书是答疑解惑、增知益智、打开思路、促进行业发展的极好读物。

古人云，"开卷有益"，阅读《创新崛起》一书，就是与近40位著名浙商的"神交"和对话，有助于困难企业寻找对策，摆脱困境；有助于成功企业发挥优势，做大做强。

真言短说，是以为序。

魏 杰
（著名经济学家、清华大学教授）
2024年2月

序 二

锦绣江南，巨贾辈出；人文胜地，书讯频传。

浙江省高新技术企业协会将其编撰的《创新崛起——风起云涌的浙商第一方阵》书稿送到我处，嘱我作序。我是浙江大学教师，亦属爱书之人，有先睹为快之感。周末，我翻阅书稿，发现里面的近40个案例都是浙江龙头企业创新创业的生动故事，有肇基创业的艰辛，有攻坚克难的智慧，有贵人相助的幸运，有大功告成的喜悦，文后还提炼了成功秘诀，且文笔秀美，语言流畅，可读性强。书稿以商机捕捉、人才招引、投资研发、科技创新、市场开拓、并购扩展等方面的生动叙事吸引着我。从清晨到午后，不觉腹中饥饿；从黄昏到子夜，竟忘冬季天寒，甚至不知东方既白。阅读完受益匪浅，感到本书正好可以作为我们高校案例教学的教材。同时，我觉得这本书对于企业领导、管理干部、科研人员更具有启发作用和参考价值。感谢省高企协会，为读者出了一本好书，为企业界和高校做了一件好事！

我国改革开放40多年，取得了举世瞩目的经济成就。这主要依靠两点：一是依靠自主经营、自负盈亏的市场经济体制，激发了企业和个人的生产经营积极性；二是依靠科学技术的开发和运用，提高了劳动生产率，创造了大量新产品。开放搞活政策让大批城乡居民经商办厂做了老板，其中，目光长远、格局宏大者，聚集人才，致力创新，把企业做大做强，成长为企业家。培育出大批民营企业家，是改革开放的又一重大成就。本书所述，就是他们的故事。

《创新崛起》一书深刻总结了创新创业的成功经验和基本规律。无论是科技创新、产品创新，还是管理创新、经营模式创新，都必须遵循客观规律，运用科学方法。艰苦创业不仅需要决心和勇气，而且需要智慧、情怀和行动。微观经济学研究的核心问题是资源稀缺性与选择多样性之间的矛盾。企业家必须从实际出发，运用创新思维，做出正确选择，使各项生产要素有机组合，实现价值增值。企业经营中自变量较多，诸如技改、劳动、协作、融资、销售、分配等等，一个环节选择失误，就会出现木桶原理的短板效应。这种选择能力的提升，既要靠自己实践体悟，也需要向他人学习。

《创新崛起》一书生动反映和热情颂扬了浙江企业家的奋斗精神。山水秀美的浙江，乃是鱼米之乡、文化之邦，素来有重工崇商的历史文脉和传统。所以，改革开放之初就有许多农民洗脚上岸、经商办厂，从而爆发了乡镇企业潮并形成了名噪一时的"温州模式"。这些"白天做老板，晚上睡地板"的民营企业家特别勤奋刻苦，逐步形成了家喻户晓的"四千"精神。正是这种精神特质所产生的动力创造了奇迹，使得不产棉花的绍兴，成为轻纺基地；不产牛羊的海宁，造就皮革之城；不产铜铁的永康，创建五金之都；不产木材的东阳，建成木雕之乡。浙江民营经济发展也因此走在全国前列，由资源小省变成经济大省——民营经济成为浙江的"金名片"。

《创新崛起》一书充分展现了浙江经济的发展前景和充足后劲。本书所选案例大部分是近年强势崛起的独角兽企业。在数字经济、平台经济、生物医药、智能制造等领域，一批高学历的新生代企业家正在迅猛成长。他们年纪轻，对市场商机有敏锐直觉，知识储备丰厚，专业本领扎实，且具有国际视野。这些新生代企业家创建平台或科研机构，为用户提供程序、数据、作品、解决方案或科研成果，这些平台和机构的员工，把自己的知识、智慧和智力转化为商业价值。这种新型公司人员少、资产轻、效益高、成长快，令人惊叹！还有子承父业、后浪潮涌的创二代的接力，实现了从传统到现代的升级。这些成长中的新生代企业家是浙江经济发展的后劲所在。

三千里浙江生机勃发，八百载宋都再现新姿。2023年9月杭州成功举办第19届亚运会，吸引了全球眼光，数字火炬手的凌空点火令世界惊讶。这本创新创业案例集，是对企业发挥科技创新主体作用的生动展示，是对浙江创新发展成就和经验的热情讴歌，充分展现了当代企业家的风采，能有效扩大浙江品牌企业在全国乃至世界的知名度和影响力。

企业家可以学历不高，但学习能力和行动能力必须很强。他们在实践中学习，在行中求知，知而后悟，悟后而创新，以个人成长带动企业成长。

企业家必定在自己的经营实践中磨炼成长，同时也需在他人经验中得到启发。这本《创新崛起》就是他们的极好教材。

愿大家同学习，共成长！

史晋川

（著名经济学家、浙江大学资深教授、

浙江省政府咨询委员会副主任）

2024年2月

序 三

"好雨知时节，当春乃发生"，人间有美事，应时又上乘。浙江省高企协会编撰的企业创新创业成功案例集《创新崛起——风起云涌的浙商第一方阵》问世了，实在可喜可贺！

这本书的编撰出版，经历了曲折历程。2019年高企协会编撰出版了《雄居天下——风起云涌的浙商第一方阵》，在全省各界尤其是工商企业界赢得了广泛好评。应读者要求，不久协会即着手筹划编撰《创新崛起》，并确定企业选择原则：《雄居天下》所选的是全国乃至全球细分行业中数一数二的顶尖企业，而《创新崛起》则主要选择创新创业成功、近年迅猛崛起的新兴企业。编委会自2021年年初开始制定方案、遴选企业、聘请记者、组织编辑、联系出版等，因疫情干扰，工作几度中断，稿件几度续作、几度修改，可谓"艰难困苦，玉汝于成"。

2023年9月，习近平总书记在黑龙江考察时首次提出新质生产力概念；2024年全国人民代表大会上，李强总理在政府工作报告中强调"大力推进现代化产业体系建设，加快发展新质生产力"。从此，"新质生产力"成为媒体和学界的高频热词。如何理解其内涵和意义？《创新崛起》一书给出了诠释和例证。

新质生产力，相对于传统生产力而言，是指创新起主导作用，超越传统生产方式和经营模式，以高科技支撑、高效能运营、高质量发展为特征，符合绿色发展、可持续发展理念的新质态的先进生产力。其根本在创新，核心在科技。

经典经济学的生产力，是指人们把自然物质改造成适合自身需要的物质资料的能力。构成传统生产力的三要素是劳动力、劳动资料和劳动对象，而新质生产力却有着以创新为灵魂的全新内涵。

——高素质劳动者是构成新质生产力的根本要素。传统劳动者只是体力智力正常、具有基本劳动技能的人。而今，在企业中起决定作用的劳动者，尤其是核心团队成员，必须是高智商、高学历、高技能并善于创新的高层次人才。员工队伍主要由研发工程师、生产工程师、维修工程师和高级管理者组成。《创新崛起》一书中的成功企业均视人才为第一资源，坚持精选人才、招引人才、留住人才、用好人才，以人才求创新，以创新求发展。

——坚持科技创新是新质生产力的关键要素。传统的劳动资料是劳动工具和生产设施，劳动工具只是工人手的延伸。而《创新崛起》所列企业均采用智能化生产，运用机械手操作、流水线作业、计算机控制，依靠科技创新，促进产品更新换代，改进生产工艺流程，提高产品质量和生产效率。科技发展不仅使机器代替了人的体力劳动，而且实现了人工智能代替人脑智能，使社会生产力实现了质的飞跃。

——劳动对象变化是新质生产力的显著特征。在传统时代，矿工的劳动对象是矿藏，木工的劳动对象是木材。于是马克思说："劳动，首先是人与自然的关系。"而今不同，《创新崛起》书中的许多企业是对上游劳动产品的深度加工和组合。大量合成材料并非自然物，却支撑着许多产业的跃升；科研人员和文字工作者操作的是仪器和计算机，并用文字、图形等符号表达其想法；一些企业的业务是为他人提供解决方案和创新设计，而非实物产品。

——支撑现代经济增长是新质生产力的突出贡献。新质生产力作为先进生产力的主要体现形式，比传统生产力的内涵要丰富得多。生产要素的创新配置，企业产权的结构变革，基于现代信息技术的商业模式创新，依靠新兴技术支撑的产业转型升级等等，都可纳入新质生产力范畴。《创新崛起》一书所述，就是新质生产力发展的生动故事，展示了产品更新科技化、科技成果产业化、企业生产智能化的辉煌成就。

现代经济增长依靠科技，企业发展依靠创新。决定投资成败的根本因素是投资思想，而不是资本自身。投资思想是灵魂和核心，资本只是实现投资思想的载体和条件。当今社会，资本相对过剩，"智本"相对稀缺。许多资金在寻找出路，但可靠的好项目不可多得。所以，许多地方政府在招商引资的同时，更加注重招才引智，旨在聚集人才、增强新质生产力。

省高企协会以"服务高新技术企业，促进高新产业发展"为宗旨，编撰的《创新崛起》一书，既能宣传会员企业、传播先进理念，又能推广创新经验、助力企业成长，是协会履行职能和实施服务的新型方式。相信书中近40个创新创业的成功实例能给读者带来启示、信心和力量！

老子曰："上士闻道，勤而行之；中士闻道，若存若亡；下士闻道，大笑之。"创业者人人皆属上士，定能勤而行之，为推动浙江省高新技术企业发展作出新的更大贡献。

知行合一，以知为先，以行为要！

周土法

（浙江省高新技术企业协会理事长、省科技厅副厅长）

2024年4月

目录

第一篇　数字经济：科技普照之光

　　天通控股：行业国际标准的制定者　/3

　　江丰电子：逐梦中国"芯"材料　/10

　　安恒信息：数字世界守护者　/17

　　迪普科技：创新为翼　打造网络安全产业"链主"企业　/25

　　颐高集团：从高新电脑城到数字产业园　/32

　　盘石集团：绘就全球数字经济美好蓝图　/40

　　国自机器人：致力成为全球领先的移动机器人公司　/48

第二篇　生命健康：文明进步之本

　　时迈药业：创造新药使病有所医　/59

　　英百瑞：NK细胞疗法为癌症患者带来福音　/68

寿仙谷医药：百年老字号的坚守与嬗变 /77

领航基因：一个潜水爱好者的领航之路 /85

创新生物：开辟病原检测新赛道 /95

绿康医养：全国老年康复护理和医养结合的引领者 /105

第三篇　新材料：产业跃升之基

华友钴业：全产业链布局造就全球钴业领军企业 /115

科百特：全球膜过"滤"科技领军企业 /122

阿斯克建材：保温材料行业的领航者 /130

福达合金：1米宽、100米深的专精特新之路 /137

志达管业：逆境向阳 料峭春风中的发展之路 /144

第四篇　绿色低碳：转型发展之要

东方日升：创二代成功实现转型升级 /153

杭萧钢构：成为世界一流的绿色建筑集成服务商 /161

源牌科技：超前叩开"双碳"大门 /170

四维生态：打造全球植物工厂领军企业 /179

正理生能："隐形冠军"的成长之路 /188

目 录

绿源电动车：中国电动车发展史的见证者 /196

麒盛科技：中国智能家居领跑者 /203

喜临门：中国床垫第一股 /211

第五篇　先进制造：强国建设之路

浙江邮电：老国企唱响青春之歌 /223

万里扬：走好科技创新自立自强路 /232

天马轴承：从村办企业起步的中国名牌 /240

步阳集团：步步朝阳上青云 /251

一鸣食品：科技创新引领全产业链发力 /259

金棒运动：创"金字招牌"　树"最棒理念" /267

德力西：三获国家科学技术进步奖 /274

瑞立集团：攻坚克难守初心　创新而立谋长远 /282

杰牌传动：传统浙商的数字化升格 /290

龙兴航电：航空电子业的耀眼新星 /301

克里特：给西气东输造阀门的隐形冠军 /312

后　记 /319

第一篇

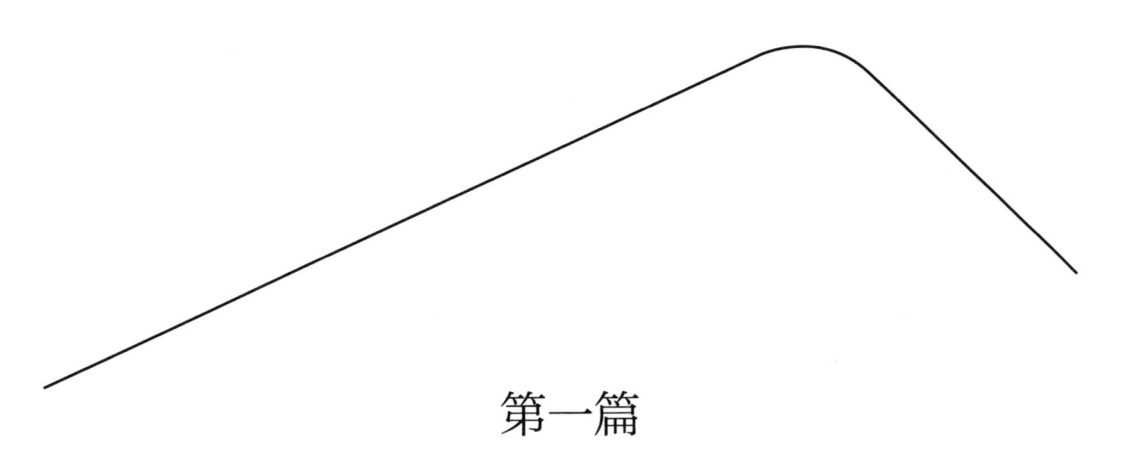

数字经济：科技普照之光

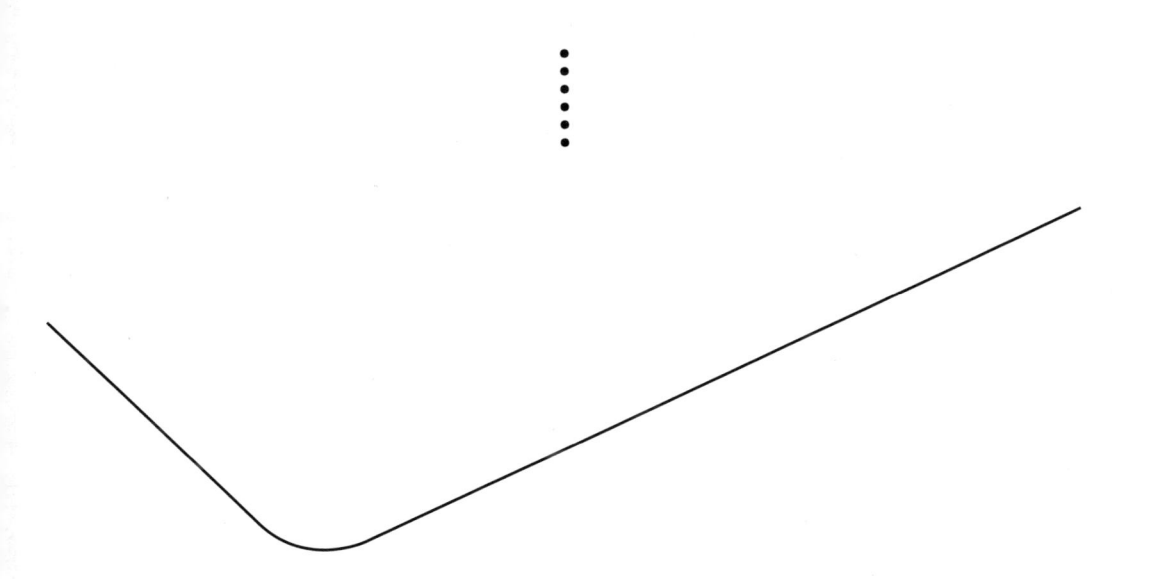

天通控股：行业国际标准的制定者

企业档案

创始人： 潘广通 潘建清

创办年份： 1984年

1993年，实施首次改制

2000年，被认定为国家火炬计划重点高新技术企业

2001年，在上海证券交易所挂牌上市

2007年，"TDG"牌磁性材料荣获中国名牌产品称号

2008年，公司被认定为国家高新技术企业

2015年，参与制定软磁铁氧体领域首项由中国主导的国际标准

2016年，被认定为国家企业技术中心

2018年，被认定为国家技术创新示范企业

2022年，公司零部件产品荣获2021年度浙江省首台（套）装备名单认定

天通控股股份有限公司（以下简称天通公司）自1984年创办以来，凭借坚韧不拔的创新精神和前瞻性的市场策略，已经发展成为一个拥有多家控股公司和参股公司的行业佼佼者，更是国内首家由自然人直接控股的上市公司。以电子材料、电子模组、智能装备、绿色能源四大业务板块为主轴，天通公司的业务深入电子信息材料产业链的上下游，是一家集科研、制造、销售于一体的国家高新技术企业。在2023年"八八战略"实施20周年之际，天通公司进一步以产品创新为先导，将技术创新作为企业提升核心竞争力的关键举措，不断推动企业的进步与发展。截至2023年底，公司获得41项国家荣誉，32项省级荣誉，51项党建相关荣誉；申请专利1146项，其中有效专利564件；主导制定和修订行业国际标准4项。

六年三改制　成为业内全国首家上市公司

天通公司的前身是海宁电子元件厂，创办于改革开放初期的1984年。当时20岁出头的潘建清，与父亲潘广通一起创办了高科技企业海宁电子元件厂，并在业内小有名气。1992年春，邓小平同志发表南方谈话，以"三个有利于"的标准，把人们的思想从"姓资"和"姓社"的束缚中解放出来。对政策颇有研究的潘建清，主动找到郭店镇政府要求进行股份制改造。从1993年起，天通开始了"六年三改制"：将海宁电子元件厂改制为海宁市天通电子有限公司；把企业集体股全部量化、置换到个人，潘建清与父亲的股权占总股本的31.58%；将有限责任公司变更为股份有限公司，设立浙江天通电子股份有限公司，自然人持股占总股本的60.25%。产权体制改革激发了企业发展的内生动力。改制成功后，经历3年的"双高"（高新技术企业认证和高新技术产品认证）和艰难探索，2001年1月公司终于以4000万股普通股（A股）在上海证券交易所挂牌上市，成为中国软磁铁氧体磁芯行业首家上市公司和全国证券市场第一家由自然人直接控股的上市公司。

布局新战略　站上科技制高点

2008年金融危机爆发，潘广通因病去世，与父亲并肩作战24年的潘建清独自挑起转型升级的重担。2010年，天通公司进入蓝宝石新材料产业，并布局粉体材料专用设备、晶体材料专用设备等智能装备产业。但转型之路并非一帆风顺。2012年，潘建清就遇到了创业以来最大的坎，公司亏损近2亿元，发展跌入谷底。但随着企业的不断发展，天通公司逐步走出低谷。2013年，公司盈利1200多万元，2015年蹿升到6300多万元，2018年盈利2.84亿元，2022年实现净利润6.74亿元。这是产业转型、科技创新带来的业绩提升，是对天通公司始终专注创新、坚守主业的回馈。

在"八八战略"的指引下，天通公司凭借上市公司的资金实力和多年累积的技术力量，不断改革创新。以电子材料产业为核心，专用装备产业为基础,公司先后在海宁市盐官镇、嘉兴市南湖区和海宁经济开发区等地建立产业基地。公司的管理水平和产品质量不断提升,获得嘉兴市市长质量奖。潘建清用实际行动证明了"没有创新就没有发展"的硬道理。天通公司制定了软磁铁氧体领域首项由中国主导的国际标准,有力地提升了我国在磁性材料领域的话语权,获得了首届浙江省标准创新重大贡献奖。天通公司共获得2项国家技术发明奖二等奖和2项国家科学技术进步奖二等奖,先后获评国家技术创新示范企业和浙江省大众创业万众创新示范基地,并通过国家企业技术中心认定,成为海宁市首家国家企业技术中心。

"民资+海智" 打造人才高地

天通公司开创的"民资+海智"人才引育模式,得到了中共中央组织部原副部长周祖翼的高度评价。2002年,天通公司为了发展光电产业,投资了朱伟海归创业团队的光通信项目。潘建清看好刚刚起步的中国互联网产业,认为其未来两三年前景可期。2003年,朱伟领衔的博创科技股份有限公司(简称博创科技)成立,天通公司作为第一大股东出资50%,海归创业团队以专业技术入股占25%,这种方式可以有效规避风险,培育新的增长点。博创科技以开创者和领军者的姿态,称雄中国平面光波导市场,其主打产品平面波导光功率分路器的全球市场占有率达到30%。2008年以后,天通公司精准把握国家高端人才的政策机遇,针对海归创业团队拥有国际领先技术却缺乏资金平台的情况，先后投资引进多家海内外创业创新团队，将它们培育成高新技术创业企业，其中，博创科技和昱能科技股份有限公司分别于2016年和2022年成功登陆创业板和科创板。这么多年来，天通公司员工总人数并没有增加很多，但结构上发生了很大变化。公司正在探索建立更好的激励机制，逐步让优秀的年轻人担任重要岗位，使大家共同成长，相互成就。

打通上下游　构建产业链

目前天通公司专注于新材料、高端装备的开发与生产。公司的大股东天通高新集团则涉足相关产业，通过投资培育一批科技公司形成产业生态。如培育的博为科技有限公司是全球领先的高速光通信、下一代Wi-Fi和5G无线通信智能网络产品和解决方案的提供商。此外，集团还积极响应海宁市委、市政府号召，配合发展泛半导体产业，积极打造天通泛半导体园区产业平台，通过自主投资、参股引进等多种方式，加强在泛半导体材料和装备、核心元器件产业链上的布局，打造在全国领先、全球具有一定影响力的泛半导体产业集聚区。今天，企业与外部世界的共生关系越来越紧密，该如何构筑生态护城河？天通公司的做法是：以党建为引领，不断滋养高质量发展的红色"芯"动力，实现全产业链布局，培育一批具有高成长性的创新企业，吸引一批细分行业龙头企业入驻天通泛半导体产业园，孵化一批快速成长的科技型企业并助力其成功上市，推动形成区域产业链上下游集聚和规模化发展。德国哲学家雅斯贝尔斯在《什么是教育》一书中指出：教育就是一棵树摇动另一棵树，一朵云推动另一朵云，一个灵魂唤醒另一个灵魂。企业亦然。生态型企业成长的过程，就是"一个灵魂唤醒另一个灵魂，从一棵树成长为一片森林"的过程。共同富裕是中国特色社会主义的本质要求。民营企业和民营企业家作为"先富群体"，是推动实现共同富裕的重要力量。"如果说做强企业自身的本质是将蛋糕做大，那么带动产业链上下游共同发展就是一个把蛋糕做大并且分配好的过程。"潘建清说，民营企业在响应共同富裕的过程中，其中的龙头企业要发挥优势，带动上下游企业做大产业集群。以天通公司为例，在自身实现高质量发展的基础上，近年来，公司加强对口援助中西部地区发展，已扩张磁性材料上下游和蓝宝石相关产业至安徽六安、四川成都、宁夏银川、江苏徐州等地，累计投入30多亿元，安排当地就业1200余人。

　　回顾历史，天通公司的昨天是令人欣喜的；把握现在，天通公司的今天是生机盎然的；展望未来，天通公司的明天必将更加灿烂辉煌。天通公司将坚持"以人为本"，树牢新发展理念，培育具有天通公司特色的企业核心竞争力，促进企业的高质量发展，为深入践行"八八战略"、书写时代新答卷贡献力量。

成功秘诀

第一，以转制激发活力。体制机制决定收益分配，直接影响各方积极性。天通的六年三改制，激活了企业的内生动力。

第二，聚人才重科研。现代企业市场竞争依靠的是科学技术，技术发展依靠人才。天通公司组建的海归人才团队实力雄厚，取得了大量专利技术成果，使其具有制定行业国际标准的资格和权利。

第三，注重延伸产业链。连通上游可以避免供应受其制约，衔接下游可以扩大销售渠道，延伸产业链可以增强企业的自主性，同时也可提高利润率。

执笔人：白璐

江丰电子：逐梦中国"芯"材料

企业档案

创始人：姚力军

创办年份：2005年

2014年，承担的国家重大专项（02专项）通过验收

2016年，公司相关成果获得浙江省技术发明奖一等奖

2017年，公司首次公开发行股票并在A股创业板挂牌上市

2018年，江丰电子海外（马来西亚）工厂开业

2019年，北京江丰、武汉江丰、湖南江丰相继成立，广东江丰破土动工，控股公司台湾江丰注册成立

2021年，"超高纯铝钛铜钽金属溅射靶材制备技术及应用项目"荣获2020年度国家技术发明奖二等奖

2022年，荣获制造业单项冠军示范企业

2023年，荣获浙江省科技领军企业

作为芯片材料领域的领军企业，宁波江丰电子材料股份有限公司（以下简称江丰电子）发布的2023年半年报业绩喜人。上半年，公司实现营业收入11.97亿元，同比增长10.19%，实现归属于上市公司股东的净利润1.53亿元。

这家成立于2005年的企业，经过多年的技术研发与突破，在技术门槛最高的半导体领域已具备了一定的国际竞争力，其研制的超高纯金属溅射靶材是超大规模集成电路（芯片）制造所需的关键材料之一。

目前，江丰电子先后承担了国家"863计划"等科研及产业化项目，拥有覆盖Al、Ti、Ta、Cu等多种金属材料及溅射靶材全工艺流程的完整自主知识产权，至今已累计申请专利1091项（其中90%是发明专利），并形成了以半导体芯片用高纯溅射靶材为核心，液晶显示器、太阳能电池用溅射靶材共同发展的多元化产品研发体系，引领了我国半导体领域靶材的技术发展趋势。

正是这些"芯"材料，让董事长姚力军为之奋斗20余年，相关产品不仅满足了国内市场需求，还成功打破了国外的垄断，大量出口海外。汇丰电子的芯片制造用溅射靶材市场份额居全球第二、全国第一，真正实现了"让中国制造走向全世界"。

风渐起——国产靶材替代进口

"计算机里的硬盘、内存等零部件为什么全靠国外进口？"大学时代，这是一个萦绕在姚力军脑海里的问题。不过这个问题并没有困扰他太久。1994年，在取得哈尔滨工业大学博士学位后，姚力军获得了日本文部省奖学金，赴日本广岛大学攻读第二个博士学位。姚力军说："我就是想亲眼看看，日本的高端制造业是如何运作和管理的。"

毕业后，姚力军到一个美国跨国公司的日本工厂工作，从工程师一直做到生产基地的总执行官。在日本工作的日子里他意识到，当时美国已经在一些高科技领域制裁日本，这也让他更加坚定信念：中国人在高端材料领域必须有所作为，而且我们是可以办到的！于是，2005年，姚力军回国，创建了江丰电子，主要从事全球半导体芯片制作原材料的研制和供应。

回望回国创业初期，姚力军坦言，国内总体发展确实很艰难，整个半导体产业领域几乎没有成熟的高端人才，没有像样的装备，没有品牌，缺乏材料，缺少资金。"就我们当时了解的情况，某种意义上说，芯片产业链上几乎没有中国企业。"姚力军介绍，超高纯度溅射靶材不仅是半导体制造行业所必需的关键材料，也是许多重要高科技领域的关键基础性材料，对生产环节的技术要求极高。有国外专家曾断言，中国人不可能生产出自己的超高纯度溅射靶材。

但姚力军偏偏向难而行，依靠前期积累的经验和资源组建团队着力自主研发，在2005年底就迅速生产出了拥有完整自主知识产权的国产靶材，并逐年攻克了超高纯金属溅射靶材精密机加工和异种金属大面积、高强度、高结合率焊接等技术，解决了高纯材料加工时易变形、易划伤，焊接工件材料之间界面氧化、材料应力形变等难题，成功打破了发达国家在靶材领域的技术壁垒。

然而，国产靶材作为国内新生产品，刚开始上市时却并非一帆风顺。"当时在芯片材料领域中国企业不买中国产的东西。我们拎着产品在客户那里四处碰壁。这也难怪，因为在半导体芯片市场上主流产品都是进口的。"顶着巨大的压力，坚守做民族品牌的使命感，姚力军拒绝了所有跨国公司抛来的收购垄断橄榄枝，用持之以恒的精神寻找机会，打开市场。

2011年，日本东部发生大地震并引发大规模海啸，迫使大量半导体工厂和靶材工厂停工。日本制造的靶材一直占有全球半导体行业近半的市场份额，突如其来的灾难也使许多国家的半导体生产线陷入了困境。姚力军敏锐判断后抓住了这次机会，第一时间联系所有的国外客户并向其介绍中国制造的靶材。2天后，姚力军等到了日本富士通公司送来的第一笔大订单，随后东芝等企业也纷纷派人前来寻求合作。

市场打开后，江丰电子陆续攻克靶材制备的多个技术难题，建成了拥有完整自主知识产权、基于国产设备的世界一流溅射靶材生产基地，已在国内外芯片制造厂商实现批量应用，这让江丰电子真正站在了行业前沿。

传喜讯——中国智造"唱"响世界

在 2023 年 8 月 31 日至 9 月 3 日召开的第十一次全国归侨侨眷代表大会上，姚力军深情地说："我们这代人有责任和使命，让'中国制造'不仅是便宜的鞋子袜子，更要产生于高端制造业领域。要敢于在高科技领域与世界同行竞争，为'中国制造'增添光荣，让'中国智造'服务世界。"

为"中国制造"增添光荣，赋予"中国制造"更多的内涵，这是姚力军给江丰电子制定的核心发展主线。如何让中国智造"唱"响世界？坚持以科技创新为动力，不断增加研发投入，这是江丰电子给出的答案。

2021 年，江丰电子的研发投入为 9826.12 万元，较上年同期增加 2445.03 万元，增长 33.13%，占营业收入的 6.16%。江丰电子多年来还与重庆大学、哈尔滨工业大学、浙江大学、宁波材料所等高校和研究机构进行深度合作，成为专业人才的重要聚集地；建立了"国家企业技术中心""国家示范院士专家工作站""国家博士后科研工作站"，不断扩充研发团队，承担或主持国家级高新技术课题。

2023 年，全球 500 强半导体科技公司德州仪器在美国得克萨斯州总部为江丰电子举办了一场特别的颁奖仪式，热烈庆祝江丰电子获得"2022 年度最优秀供应商奖"（SEA 奖），旨在肯定江丰电子在品质、交期、服务、价格及技术等各方面的优秀表现，并感谢江丰电子长期以来的真诚合作和鼎力支持。"德州仪器每年对上万家供应商进行综合评估，能获得此 SEA 奖项的供应商可谓凤毛麟角。"德州仪器全球采购副总裁 Paoyei Chen 表示。

类似德州仪器颁发的荣誉，江丰电子近年已频频斩获。凭借着领先的技术水平和稳定的产品性能，江丰电子成为全球知名芯片制造企业的主力供应商，并在全球范围内与美国、日本等跨国公司展开市场竞争。

近年来，姚力军还带领江丰电子推动基板材料的国产化进程，切入覆铜陶瓷基板领域，布局第三代半导体封测材料。2023 年 2 月，江丰电子控股子公司宁波江丰同芯半导体材料有限公司举行开业暨投产仪式，将从事功率半导体用覆铜陶瓷基板的研发、生产、销售及相关产学研项目的合作，产品主要服务于功率半导体模块化产业。

"我们期望将公司建设成为拥有独立知识产权、工艺技术先进、材料规格齐全、产线自动化的国产化覆铜陶瓷基板大型生产基地。"姚力军介绍，公司已经招揽多名在覆铜陶瓷基板行业深耕多年的技术专家，目前已搭建完成国内首条具备世界先进水平、自主化设计的第三代半导体功率器件模组核心材料制造生产线。

姚力军还为江丰电子描绘了更宏伟的发展蓝图：一如既往地抓好品质、做好技术，同时向产业链上游延伸，形成真正有特色的完整产业链，目标是成为相关领域的世界第一品牌，占有全球超过 35% 的市场份额。

成功秘诀

第一,要有为国争光的使命意识。困难中锻造英雄。创业之初,姚力军就明确,公司不是赚点钱了事,而是要有使命、有责任、有担当,一定要为中国争光,赋予"中国智造"新的内涵。他给自己的定位是:"就干好这一件事,把这块技术短板给我们国家补上,我这辈子就值了。我经常告诉员工,你的工作代表着'中国制造'的品质,要严格要求自己。企业战略决定了我们是一支什么样的队伍,就像当年红军爬雪山、过草地一样,有种精神在激励着我们。"

第二,坚定的研发创新理念、紧密的产学研合作、持续创新与攻克难关的精神、敏锐的市场洞察力、卓越的品质管理以及注重知识产权保护。这些要素共同构成了江丰电子在行业中的竞争优势,为企业的可持续发展奠定了坚实基础。

执笔人:橙子

安恒信息：数字世界守护者

企业档案

创始人：范渊

创办年份：2007年

2005年，在美国硅谷的范渊成为第一个登上全球顶级安全大会——黑帽子（BlackHat）大会演讲的中国人

2008年，成为北京奥运会组委会安全产品和服务供应商

2009年，首次引进战略投资方，成为新中国成立60周年全国网络安全大检查技术支撑单位

2012年，首次承担国家级重要会议网络安全技术保障工作

2014年，首次成为亚太经济合作组织（APEC）会议、首届世界互联网大会网络安全技术支撑单位

2015年，首次入选全球网络安全企业500强榜单

2019年，登陆科创板，上市成功

2021年，入选2021浙江省民营企业研发投入100强

2023年，作为第19届亚运会网络安全服务官方合作伙伴，实现杭州亚运会网络安保零事故，入选浙江省首批科技"小巨人"企业，荣获当年度浙江省科技领军企业称号

  随着全球信息化、数字化进程的不断加速，网络与现实的边界越来越模糊，虚拟空间与实体世界结合日趋紧密，网络安全上升为国家安全，网络世界成为没有硝烟的战场。杭州安恒信息技术股份有限公司（以下简称安恒信息）自设立以来一直专注于网络信息安全领域，为客户提供专业的网络信息安全服务，产品及服务涉及应用安全、大数据安全、云安全、物联网安全、工业控制安全及工业互联网安全等多个领域。自2007年成立以来，安恒信息多次入选"全球网络安全企业500强"，自2008年为北京奥运会提供网络安全保障服务起，连续16年参与多项国家级、国际级的重大活动、赛事网络安保工作，从一个普通初创团队成长为重量级企业。

  如今，范渊和他的团队在数字世界里为各行各业筑起"神盾"，成为国内数字安全行业的领军企业。2023年，安恒信息实现营收21.7亿元，近5年营收复合增长率超33%；研发投入6.37亿元，占营收的近30%。

三道增长曲线构建创新体系

2006年,范渊第二次登上了黑帽子大会的演讲台。在一番关于"攻"与"防"的精彩演讲后,范渊如同明星般被众人簇拥,许多公司都提出要购买当时产品的测试版。在美国的6年里,范渊取得了硕士学位,获得了在国际顶尖网络信息安全公司发展的机会,登上了世界顶级的信息安全会议演讲台,年收入已经位列美国前列,但就在他的事业即将进入全面飞跃期时,范渊却做出了回国的决定。

"刚回来的时候,互联网应用正开始流行,那时的网络安全'老三样'即防火墙、杀毒软件和入侵检测成为诸多网安厂商争先研发的方向。"范渊表示,作为新人的自己并没有选择去跟随,而是另辟蹊径着手布局外部应用防火墙、数据库审计以及包括数据库漏洞扫描等方向在内的外部漏洞扫描等,从而逐渐在行业内崭露头角。

从现在的视角来看,得益于范渊丰富的经验以及前瞻性布局,迄今为止,这些产品依然在网安行业扮演着重要角色。

"这也是我觉得创新过程中很重要的一点,就是那时我没有去跟随,而是真正去思考和理解信息化、数字化的痛点,然后用自己的技术投入去解决这些痛点问题。"范渊说。

"我觉得无论是安恒信息的过去、现在和将来,创新都是安恒的基因。"范渊表示,虽然短期的研发投入会对上市公司的财务报表带来一些影响,但企业要想在一个行业内真正做到基业长青,必须有很清晰的战略规划。

"所以我们当时提出助力安全中国，助推数字经济理念，没有网络安全就没有国家安全，网络安全就是国家安全的一部分。"在2007年至2016年，范渊带领安恒信息完成了第一轮创新，并以网站应用级入侵防御系统（WAF）、扫描器、数据库（DB）审计、堡垒机等基础安全产品构建出第一道增长曲线。

随着云的迅猛发展，安恒信息在2016年开始进入第二个发展进程，率先推出云安全资源池。"不管是哪种云，都需要弹性的获取能力，也可以通过集约化服务节约成本。"范渊表示。2016年至2021年，安恒信息便以安恒云安全、AiLPHA大数据态势感知、安全服务等平台构建了第二道增长曲线。

2022年，安恒信息构建了"1+5+N"的创新模式，让单一的产品更具创造性和实用性。其中，以安全托管运营服务（MSS）和数据安全两大战略构建安恒信息的第三道增长曲线。"这就相当于以全面服务化的方式解决整个安全行业的痛点，这需要你既有原先产品的积累又有网络安保的经验。"

安恒信息曾先后参与了北京奥运会、上海世博会、G20杭州峰会、武汉军运会、上海进博会、历届世界互联网大会、成都大运会、杭州亚运会等国家重大活动的网络安保工作。

"每一次安防就是一场白客与黑客的无声博弈。"就拿2016年在杭州举办的G20峰会来说，美轮美奂的钱江新城灯光秀令人流连忘返。可是，

70万盏LED灯需要复杂的系统控制,如果被黑客攻破,后果不堪设想。为此,范渊带领团队进行了多次深入的安全检测和防护,确保了灯光秀在峰会期间的完美呈现。峰会期间,他们一共拦截了3300万次来自41个国家和地区的黑客攻击,最终确保了峰会顺利进行。

协同生态合作伙伴　赋能国家安全

在不同的场合,面对不同的重要人士,范渊都非常乐于分享他对网络信息安全行业前沿的思考和主张。在安恒信息,范渊主张建立"三线协同"的团队,即研发线、销售线、服务线以成就客户为中心进行资源沟通与协作。

安恒信息在杭州、济南、长春等地均落地智慧城市安全运营中心,并在上海浦东打造中国智慧城市安全总部,重点投资建设与之相关的研发基地、作战中心等。在安恒信息展厅,一幅巨大的屏幕上展示着全程在线、全域覆盖、实时反馈的"城市网络安全态势地图",决策者可以快速有效地感知、预警、调度、处置全市网络安全风险。其背后显然有海量数据及强大平台整合能力作为支撑,显示出安恒信息近年来集大成的研发成果。

从2017年开始,安恒信息开始大力布局渠道销售,建立起一个混合渠道模式。对政府部门、金融机构、运营商、能源总部等战略级客户,安恒信息仍维持直销模式。对省市级政府、金融机构、教育机构、运营商、能源机构、大企业等重要客户,安恒信息采取"直销+渠道销售"的模式，让出部分利润给渠道。对医疗机构、地级市及区县级政府、普通教育机构、中小企业市场客户，安恒信息采取渠道销售模式。混合渠道模式有助于安恒信息开拓中小客户，实施市场下沉。更关键的是，混合渠道模式的设计，符合范渊资源协同、合作共赢的理念。范渊说，安恒信息未来的战略，一定是与所有生态合作伙伴一起协同，为国家未来的战略愿景服务，赋能数字中国，赋能数字经济，赋能国家安全。

未来可期　培育网络安全复合型人才

"过去的10年，中国网络安全产业取得了迅猛发展；未来10年，我们还有很大的发展空间。"范渊认为，网络安全产业规模在持续扩展。互联网数据中心（IDC）数据显示，2022年中国网络安全相关支出为137.6亿美元；预计到2026年，中国网络安全支出规模将达318亿美元，预测期内将以23.3%左右的年均复合增长率增长。

"中国在网络安全方面的投入支出约占整个数字化的2.5%，而美国在网络安全的投入支出占数字化的8%至10%左右，这也就意味着我国还有3至4倍的发展空间。同时，随着我国对数字经济的深入规划，我认为网络安全的业务规模总量还会越来越大。"

"这个行业对复合型人才的需求较大。"范渊表示，目前国内就业形势和网络安全行业对人才的需求方面存在巨大的反差。网络安全行业的人才供求处于较均衡的状态，但依旧缺少既懂网络安全、数字安全，又懂人工智能的复合型专业人才。据教育部最新公布的数据，到2027年，我国网络安全人员缺口将达327万人。

从2012年起，安恒信息每年会组织一场行业盛会"西湖论剑"，会议聚焦科技创新要素，分享一些网络信息安全行业前沿的思考和主张，成为国内首个成功举办十一届的数字安全大会。2024年5月18日，第十二届西湖论剑·数字安全大会正式开幕，这也是最有影响力的网络安全盛会。

2016年，安恒信息专门创建网络安全学院，现在叫数字人才创研院，范渊说，"要和相关院校一起来培养各级网络安全实战型人才，为国家社会作贡献"。

下一个黄金10年，无论是范渊还是安恒信息，都将围绕数字中国、网络强国战略，让网络安全像水和电一样赋能到数字政府、数字经济、数字社会、数字文化等方方面面，筑牢网络安全之盾。

成功秘诀

> 第一，看到网络安全的重要性与需求。世界已进入万物互联时代，谁拥有更强的安全实力，谁就将具有更强的话语权。安恒信息顺应了网络安全的市场需求。
>
> 第二，不断创新，另辟蹊径。互联网在不断发展，新的安全问题不断产生，网络安全技术必须不断创新。创新依靠人才，所以必

须全方面培养、引进、用好人才。

第三，先进技术与营销服务、运营服务紧密结合。要系统性思考网络安全如何对其他产业起到支撑和赋能作用，在真正意义上实现创新性突破，切实高效地为各类客户服务。

执笔人：橙子

迪普科技：创新为翼 打造网络安全产业"链主"企业

企业档案

创始人：郑树生

创办年份：2008年

2009年9月，率先通过国家安全产品强制认证（3C认证）

2013年7月，通过ISO14001:2004环境管理体系认证

2014年11月，圆满完成首届世界互联网大会及APEC会议安全保障工作

2018年8月，IDC发布2018H1中国应用交付市场份额报告，公司市场份额排名第三

2019年4月，在深交所成功上市

2020年1月，荣获浙江省隐形冠军企业称号

2021年8月，正式发布信创框式负载均衡产品，整机可达400G吞吐能力

2022年，获评2022年度浙江省科技"小巨人"企业

2023年初，大厦外寒意深深，坐落于杭州市滨江区的杭州迪普科技股份有限公司（以下简称迪普科技）大厦内却依旧氛围火热，只因刚刚传来了激动人心的好消息——迪普科技"自主可控工业互联网边缘智能安全防护系统和平台"成功获批2023年度浙江省"尖兵"研发攻关计划立项项目。

从"三室两厅"到坐拥专属大楼，迪普科技以时间为轴，不断提升自我，以"让网络更简单、智能、安全"为企业使命，深耕信息网络领域，收获慧眼安全检测平台、国产自主可控应用交付产品等一批创新硕果，逐步跻身行业前列，成为国内信息安全产业的重要厂商之一。

"创业没有捷径，就是坚守领域，做精技术，做好产品，多听用户需求，适应用户变化。IT领域仍然需要工匠精神。"迪普科技创始人郑树生说。

创新引领　为高质量发展注入"源头活水"

"创新"是写进迪普科技企业价值观的关键品质。

在网络安全市场需求日新月异的当下，迪普科技是如何聚焦企业本质，并适应市场变革的？循着它的创新步伐，我们找到了答案。

近年来，企业坚持软硬件平台自主开发战略，组建了一支专业的软件开发及硬件逻辑开发团队，打造了独有的高性能分布式转发硬件架构和融合式操作系统；坚定走国产化发展道路，研发基于国产芯片及国产操作系统的全系列自主可控产品，打破国外厂商垄断，当好国家网络安全主力军；锚定创新引领方向，以研发投入激活发展动能，设立北京、杭州两大研发中心，现有1600多名员工中超过50%为研发人员，每年研发投入费用占总营收的20%以上。

凭借自主知识产权优势，迪普科技形成持续创新机制，不断加强公司技术储备，积极开拓市场并推广产品，进一步加深了自己的"身家底蕴"，"基于AI（人工智能）的T级抗DDoS（分布式拒绝服务攻击）安全运营解决方案""电力调度安全监测管控解决方案""百G加密流量编排器"等一系列创新成果将迪普科技推向了大众视野，其研发的多款产品获得国内和省内首台（套）装备名单认定，以业界领先的软硬件自研能力助力解决数字政府产业核心技术的"卡脖子"难题，承担并完成了科技部、国家发展和改革委员会以及浙江省和杭州市的10余项重大专项及重点研发项目，连续多年位列浙江省创造力百强企业前10位，获评国家高新技术企业、浙江省科技"小巨人"企业称号。

创新资源的集聚为迪普科技吹响了高质量发展的"集结号"。迄今为止，企业已累计申请国家专利2200余件，获得授权专利1100余件。其中95%以上为发明专利，均为围绕网络安全技术展开的研究成果。"接下来，公司将继续坚持创新驱动发展战略，进一步加大研发投入，建设网络信息安全省级重点企业研究院，以及高端网络安全产品研发测试基地。"迪普科技有关负责人说。

攻坚克难　以自主研发破题"芯"垄断

近年来,"软硬件国产化"这一话题广泛活跃在大众的视野。

2020年,迪普科技部分产品的芯片库存因国际形势错综复杂而受到波及。面对挑战,迪普科技反应迅速,以一套基于自主可控标准的成熟产品阵容,迅速用国产化芯片进行替换,打出自主研发"组合拳",成功破除国外芯片垄断。

"针对证券行业行情、网上交易业务的低延时要求和高频通信的特点,我们创新研发了国产芯片技术方案,通过现场可编程逻辑门阵列(field programmable gate array,FPGA)芯片优化业务处理逻辑,大幅提升国芯产品性能,破局金融等高端行业国外产品垄断,助力证券与资管行业国产化建设,助力数字经济更高质量发展。"谈及走国产化道路,迪普科技研发中心工作人员自豪地说。

唯变而生,应变而起。几年过去,迪普科技的"成绩单"愈发亮眼——与飞腾、海光、盛科等国产龙头芯片厂商达成深度合作,加入了麒麟、鲲鹏、鸿蒙等软件生态圈,应用交付产品广泛服务于国内各行业高端客户,公司自主研发的国产化设备性能领跑业界⋯⋯

"迪普科技是目前国内少数几家能够从底层硬件和自研芯片出发,做到硬件和操作系统全自主开发的企业。技术实力就是我们在任何环境中都能够继续进步的底气。"据企业有关负责人介绍,迪普科技依托自身优异的软硬件自研能力，开发的国芯负载均衡产品具备业内领先的高性能、高灵活性和高稳定性，并兼备链路负载、服务器负载、全局负载、安全套接字层（SSL）加解密、域名系统服务（DNS）等功能，能够实现多功能融合一体化（all in one），为用户的应用架构设计提供更加高效、灵活、便捷的应用交付方案选择。

作为国家高新技术企业，迪普科技积极响应"关键软硬件国产化"号召，求变的步伐始终保持与我省战略规划同频共振，紧紧围绕我省制造业高质量发展和"三大科创高地建设"目标，持续推动关键技术、核心技术攻关先行突破，目前已参与制定国家标准、行业标准等10余项，获颁浙江省技术发明奖一等奖、浙江省科学技术进步奖三等奖、中国人工智能大赛A级证书。

"博观而约取，厚积而薄发。"在网络安全的赛道上，迪普科技正全力加速奔跑。

产学研融合　谱写校企合作"新乐章"

人才是创新发展的"主引擎"。站在寻求突破的重要战略机遇期，迪普科技深刻认识到在创新发展道路上人才的重要性，积极与各大高校开展合作，培育人才雁阵，建立起产、学、研相结合的长效机制，并通过与新型研发机构合作，打通从科学研究到技术转化的关键环节，进一步推动形成成果示范应用。

2024年初，迪普科技与北京航空航天大学杭州创新研究院合作申报的"自主可控工业互联网边缘智能安全防护系统和平台"成功获批2023年度浙江省"尖兵"研发攻关计划项目。硕果背后，离不开"人才引领+技术创新"的双轮驱动。数据显示，2021年迪普科技人均创收76.5万元、人均创利22.8万元，相关水平领跑行业，为企业聚力构建良好的招才用才留才机制写下了生动注脚。

"在迪普科技工作的每一个员工都能深切感受到'迪普人'踏实肯干的工作态度、低调务实的品格、创新探索的风格。正是这样的企业文化把公司和员工紧密地联结在一起，困难时不退缩，成功时同庆贺。相信在这种氛围下，公司会保持创新活力，优秀人才也会持续加入，公司能以更好的产品技术向更高的目标前进。"一位见证迪普科技成长的老员工说。

不久前，由国内50所重点院校老师组成的代表团受邀走进迪普科技参观，校企双方就新形势下如何共创优质就业环境、培养优秀人才队伍、深化校企合作等方面进行了深入交流。从入职培养到晋升梯度，从员工薪酬到员工福利，迪普科技以培养一支能打仗、打胜仗的人才队伍为目标，构建了完善的人才培养体系，有关举措赢得了代表团的肯定。

此外，在杭州市高新区（滨江）相关部门支持下，迪普科技与浙江大学、杭州电子科技大学、浙江工业大学等高校签订合作协议，成立了校企产学研实践实习基地，力求为高校毕业生打造优质舞台，为网络安全产业培植新鲜血液、储备优秀人才。

企业有关负责人表示："未来，迪普科技将持续加强与各大高校的合作，推动产教融合进步，设立高校网络安全研究基地，为培养网络安全人才、建设网络安全事业添砖加瓦。"

作为浙江省内首个经认定的网络安全产业链上下游企业共同体牵头单位，下一步，迪普科技将抓住机遇，找准定位，积极发挥"链主"企业龙头作用，促进产业链上下联动、协作配套，共同推动浙江省网络安全产业链高质量发展，持之以恒地为国家网络安全和关键基础设施安全贡献"迪普力量"。

成功秘诀

> 聚指成拳，铸网为安。
>
> 在 16 年的成长中，迪普科技的初心从未改变，永远把创新当作方向。
>
> 迪普科技从不去强调风口，也不会摇摆不定，而是一直聚焦一个目标——把产品做好，把质量做好。因此公司的目标，是对产品不断进行创新。

执笔人：唐逸涵

颐高集团：从高新电脑城到数字产业园

企业档案

创始人：翁南道

创办年份：1998年

1998年，高新电脑城在杭州市西湖区文三路问世

2000年，杭州颐高数码广场开业，颐高品牌诞生

2003年，杭州市西湖区文三路电子信息街区正式开张，颐高创业园首次亮相

2015年，颐高品牌价值达108.89亿元

2018年，颐高特色小镇获评中国特色小镇运营商品牌影响力TOP50

2021年，"启动文三数字生活街区建设"被写进杭州市政府工作报告

2022年，颐高创业园荣获"国家小型微型企业创业创新示范基地"授牌

2023年，颐高集团入选浙江省第二批推进长三角一体化最佳实践案例

1998年，浙江省第一个专业电脑市场——位于文三路的杭州高新电脑城开业。不少人在这里买了人生中第一台电脑、第一部手机，颐高集团就此起步。2年后，杭州颐高数码广场开业，颐高品牌正式诞生。

颐高集团创立20余年来，颐高数码连锁规模居全国第一，品牌价值荣登中国电子企业榜首。荣获"中国高新技术孵化器技术进步奖""中国双创行业最具影响力品牌""中国产业园区最佳运营商"等诸多荣誉，颐高集团在不停书写着历史与荣耀。

颐高集团创立20余年来，产业遍布全国200城。数字生活街区、长三角人才综合体、颐高广场、中科颐高智能制造园、颐居养生小镇、街区园区数字化系统等都是颐高集团的优秀案例。

颐高集团创立20余年来，已成为国内著名的产业园区投资运营商，现共投资运营园区物业1537万平方米，整合创业服务机构1280余家，投资机构340余家，服务创业公司100800余家。

"创业改变未来"，怀着这样的信念，颐高集团一路成长的脚步从未停歇，从20世纪90年代末的数字生活初体验，到电子商务示范基地，再到布局全国的数字产业园区，颐高集团不断激起数字产业的浪潮，也随着时代改变着移动互联的生活方式。

创业紧跟新时代

那是一个春天，在邓小平同志南方谈话的鼓舞下，毕业于浙江大学计算机专业的翁南道毅然辞去了工作5年的国企"铁饭碗",投入创业的大潮。1993年,他与3位同学一起创立了浙江大学灵峰科技开发公司。

这个靠卖"品牌组装机"起家的公司,就是颐高集团的前身。至于当初为什么选择在杭州的文三路以卖电脑起步,翁南道说因为这片区域附近聚集了浙江大学、浙江工商大学等高校和数十家科研院所,而卖电脑是当时创业最容易存活的行当。

彼时,深圳的华强北等商城发展得如火如荼,杭州很多的技术和产品都是从那里借鉴和进货过来的。

"一台电脑的平均利润大概几千元",虽然公司不大,但凭着吃苦耐劳的精神和对市场的不断摸索,翁南道很快就赚到了人生的第一桶金。他生产经营的品牌电脑灵威(音)在浙江的销量达到了仅次于联想的状态。

"我们那一代的创业,主要凭借个人的信用、聪明才智以及拼命干的劲头。"根据翁南道的回忆,当时的文三路布满了各种售卖寻呼机、红白机等电子产品的店铺。

1998年,以北京中关村为首的全国各类IT专业市场纷纷出现。市场嗅觉灵敏的翁南道迅速意识到,"IT产品流通行业正面临着转型,这是一个机遇"。于是,他果断地在文三路最繁华的地段开设了杭州高新电脑城,这也是浙江省第一家电脑专业市场。

紧接着,这个"电脑城"一路升级,衍生出"颐高数码广场""颐高智能广场"。而"颐高"这个品牌名字则来源于翁南道此前创办的一个电子商务平台——易购（EGO）的谐音。

那时的文三路，"一边是以硬件为主的大华、东方通信等，另一边是以软件为主的信雅达、恒生电子等。我们卖电脑卖得热火朝天，他们开发小软件忙得不亦乐乎。网易的丁磊、搜狐的张朝阳都是这里的常客"。翁南道说。

慢慢地，这里发展成为电子信息特色一条街。2003年，翁南道开办颐高创业园，同年10月23日杭州文三路电子信息街区正式亮相。此后，这里培育出了大量的科创型企业，如淘宝网、海康威视等。

创意玩出新潮流

2012年，文三路电子信息街区被商务部命名为"国家电子商务示范基地"，迎来了电子商务的迅猛发展时期。

"我们展厅里有创造了5.6万亿元市值的成功故事，杭州的主要科创企业几乎都是从这里成长起来的。"翁南道说。

2021年，文三路电子信息街区迎来了新一轮转型升级的机遇。西湖区委、区政府启动了文三数字生活街区的建设，颐高集团作为数字街区主要合伙人之一，积极配合行动。这是在数字化改革契机下，浙江省全力打造的全国引领示范的数字街区，也是文三路电子信息街区继"电脑""科创"后的又一次转型升级。

从 3 月份开始，颐高腾退空间 1.3 万余平方米，安置商户 450 余个，外立面提升改造 9000 余平方米，积极配合文三数字生活街区的建设。2022 年，文三数字生活街区正式开街，围绕"数字、生活、打卡、流量、年轻、全时"六大主题，倾力打造"数智杭州"引领示范点和全国数字生活第一街，以创新引领带动数智新消费。3D 裸眼大屏、"气味王国"全国首家数字气味沉浸旗舰店、《完美世界》全球首个数字沉浸娱乐综合体、《梦幻西游》全球首家沉浸综合体……正在成为 Z 世代年轻人热衷的网红打卡点。

同时，街区还搭建了"云逛街小程序""一键智慧游""智慧停车""平行世界""数字商管""运营魔方"等数字应用场景。各种搭载 5G 高清、增强现实（AR）、虚拟现实（VR）体验的炫酷场景，为人们带来了全新的数字生活体验。

"现在和以前不一样了，以前是一门心思做生意赚钱，现在更重要的是玩创意、讲体验。要想做出不一样的东西，就一定要引入黑科技。"据悉，翁南道也将把新玩法带到桐庐的颐居小镇。

这是颐高集团的另一深耕之作——颐居文旅。颐居文旅是颐高文旅的投资运营平台，其运用在文旅项目上积累的丰富经验和资源，开发运营了桐庐颐居小镇项目。颐居小镇有近 5000 亩的土地，围绕"互联网+养生+旅游"的开发思路，构建健康养生、生态体验、旅游度假、数字消费四大产品体系，打造野奢露营、房车度假、品质民宿、特色餐饮、田园采摘、休闲垂钓、山系生活、沉浸式体验等多元化的文旅产品。而这背后则是翁南道所倡导的"高科技平民化"——让更多人享受到数字生活的美好的理念。

数字赋能共发展

自成立以来，颐高集团一直积极投身公益事业，2015年成立了"颐高蓝公益"品牌。除在200多个颐高项目所在地落实"爱心捐助"等各类公益活动外，颐高集团还与当地政府合作，尝试通过引进大型制造业企业、鼓励农民工返乡创业，解决地方成年人外出务工、本地经济滞后以及大量留守儿童等问题。

"我们的强项是产业扶贫、创业扶贫。在浙江省帮扶的26个项目中，我们参与了2个，一个在桐庐县百江镇，一个在衢州市常山县。"这些年来，颐高集团积极参与省市对口帮扶、山海协作、共同富裕结对子等活动，帮助后发地区招商引资。据不完全统计，颐高集团在帮扶地区投资了10余个产业园区项目，总投资超过30亿元。

以杭州和恩施协作的产业扶贫项目——宣恩梦巢小镇为例，该小镇通过落地600亩数字经济产业园，投资136亩文旅小镇，进而带动当地首位产业、文旅产业、科技产业等各类产业的创新发展。其中，小镇创客空间等平台自运营以来已经孵化了21家企业，创造产值8000万元。

颐高集团倡导"数字赋能、共同富裕"理念，通过一个个项目的打造，积累了投资、规划、招商、运营、数字化的经验，同时也不断拓展服务领域，比如旗下公司楼友会致力于为区域人才发展和创新创业提供综合解决方案；中科颐高与中国科学院深圳先进技术研究院旗下中科创客学院合作投资运营先进制造园区；亿茂科技为园区数字化系统提供技术服务。

颐高创业园于2011年被评为国家级科技企业孵化器，2022年被认定为国家小型微型企业创业创新示范基地。同时园区内拥有2个国家级众创空间。这些年来颐高集团一直把园区科技孵化、创业服务作为建设的重点和核心。致力于打破传统园区壁垒，把线下产业聚焦到线上运营，打造数字化智能楼宇运营平台和服务体系，连接全国平台用户，服务生态系统，在数字中国的时代赋能小微企业的发展。

谈及未来发展规划，翁南道表示，颐高集团将继续坚持"园区数字化""人才数字化""科创服务"等理念。"我们更要从产业生态角度为各地的创业创新提供多样化的服务，比如孵化、培训、投资等。"

成功秘诀

第一，紧跟时代潮流、坚持稳健发展。"行到水穷处，坐看云起时"，一路上的风风雨雨都化为轻描淡写的一句"都扛过来了"。坚守与创新，已经成为翁南道的习惯。

第二，创业要有一颗"大心脏"。要有超强抗压能力，要始终

> 保持乐观，保持兴奋，保持年轻心态。
>
> 第三，创业要多思考。"一边干，一边看，一边思考，基本上不会被淘汰"的"80分实用主义"是翁南道给现在年轻创业者的中肯建议。

执笔人：壹新文化施娜、叶子

盘石集团：绘就全球数字经济美好蓝图

企业档案

创始人：田宁

创办年份：2004年

2018年，完成新一轮22.5亿元人民币D轮融资，融资完成后公司估值为102.5亿元人民币

2021年，获评国家级高新技术企业

2020—2022年，连续入选"中国新经济企业500强"

2021—2023年，连续入选"浙商全国500强"

2022年，营业收入731.68亿元，同比增长2.67%，位列"浙商全国500强"榜单第36位

2022年，创造了16.28亿元的净利润，同比增长2.54%，上榜"2023浙商全国500强利润百强榜"

2004年，从浙江大学毕业未满4年的田宁，在杭州正式创立了浙江盘石信息技术有限公司（以下简称盘石）。

彼时，突然暴发的"非典"引发了较为广泛的社会隔离等防疫措施，也意外促进了互联网经济的迅速萌芽和发展。敏锐的田宁预判，互联网将对人类社会生活产生天翻地覆的影响。他意识到，大数据平台领域到处都是未开垦的土地，而创立盘石，正是为把握大数据时代革命性机会开疆拓土。

事实也正是如此，20年来，在田宁带领下，盘石集团奋勇前行，在全球数字经济的建设和发展中，牢牢占据了自己的一席之地，切实推动了全国多省的乡村振兴及地方数字化转型发展，并奋勇"出海"赋能全球数字经济，践行着企业的使命、责任与担当。

成立全球数字经济平台

创立盘石前，田宁已有几年的互联网创业经验。这一次，这位创业者将注意力和着力点放在了"如何帮助中小企业实现网络营销专家级的全面'傻瓜式'管理和如何为中小微企业提供一站式多场景的解决方案"上面，并借助在互联网广告营销行业打下的扎实基础，将盘石的服务渗透到电子商务中的各个环节。公司自创立以来，致力于大数据技术革命驱动的全球数字经济建设与发展，以"互联网+"作为新经济引擎，帮助传统实体经济在新经济时代紧密结合"互联网+"，实现数字化转型升级。

为此，盘石深度挖掘数年积累的"盘石云"大数据，通过盘石全球数字经济平台旗下的商业群智协同云、元宇宙"出海"数娱云、直播电商云、全球数字经济产业园云、数字人才教育云、数字科技云、新消费云"七朵云系"核心服务，打造以盘石大数据为基础而交互连接的商业生态平台，为全球中小企业与个人消费者提供多维度、全方位的数字化和智能化服务。

田宁介绍，盘石主要为中小企业和制造业提供软件运营服务（SaaS），帮助企业提升信息化程度，从制造、销售、服务到营销，一体化帮助企业实现降本增效。而至于为何布局建立产业园，田宁坚信，只有把创业载体创造好了，才能做到"筑巢引凤"。"我们希望通过园区的创业载体建设，引入更多优质数字经济企业，带动当地中小企业联动发展。"盘石与多地政府达成合作，结合当地的区域优势和地方产业特色，"筑巢引凤"，吸引独角兽、准独角兽企业落户产业园，推动产业链上下游集群集聚。

数字经济的发展离不开资本。为此，盘石联动了诸多县域，共同成立数字专项产业基金，通过基金、股权转移的方式，吸引源源不断的数字经济企业落户，助力城市快速发展建设数字经济，打通其任督二脉，解决痛点。

此外，在盘石的业务体系中，数字人才教育云也举足轻重。眼下，盘石正帮助更多地方区域推动数字化建设，为当地的数字经济发展添砖加瓦。而人才是数字经济的关键资源。"只有把人才培养出来，并且留下来，才能让县域经济得到长足发展，才能让数字经济得到持续发展。通过数字经济人才教育培训，我们为县域源源不断地培养数字化职业人才。"田宁说道。

盘石还致力于地方直播产业的打造和升级。通过与地方政府合作，以直播大赛、直播基地、农播培训、农播人才培养等形式带动地方农播经济发展，在助力电商升级、文旅宣传、扶贫助农、加快构建现代商品流通体系方面发挥着重要作用。

在瞬息万变的互联网行业，创新永远是企业的生命线。这一点，盘石深刻理解并践行着，"做企业就是要不停地改变，企业能够持续走下去、成长下去的核心是创新"，事实上，从盘石的核心服务体系构成就能看出田宁的心思，"我们希望通过把这些创新的想法逐步实现，形成一个数字化平台"。

在新经济发展的轨道上，凭借数字经济平台的创新迭代和多年的市场积累，盘石快速构建起数字经济服务矩阵，不断赋能企业搭建数字平台，引领企业转型升级。

数字经济建设足迹遍布全国

创业在浙江、扎根在杭州的盘石，在数字经济时代，有一种得风气之先的独到优势。这种"近水楼台先得月"的优势，并没有让田宁满足，作为浙商总会互联网委员会主席的他，常在思考一个问题：现在人们常常会提到"浙江制造"，以后会不会有更多人提到"浙江数字"？浙江能够把义乌小商品卖到全世界，是不是也可以把数字经济推向世界舞台服务全世界？

因此，他将眼光放在了更广的维度上。如今，全国各地都如雨后春笋般、如火如荼地发展数字经济——除了浙江打造全球数字变革高地外，上海定位于建设国际数字之都，北京剑指全球数字经济标杆城市，贵州弯道超车打造"中国数谷"。在这些改变中国面貌的一系列大事件中，随处可见田宁率领的盘石全球数字经济产业园人的身影，他们正通过建设与实体经济深度融合的全球数字经济产业园，引进、孵化数字经济独角兽、准独角兽企业，赋能地方经济数字化转型升级。

这些年，田宁走访了贵州贵阳、浙江海宁、江苏海安、上海奉贤区、山东淄博和济宁等地，与当地合作建立数字经济产业园，助推当地数字经济发展。

2022年全国两会期间，当时作为浙江省政协委员的田宁提交了《建议向对口合作省份输出浙江数字经济先进经验，推动数字浙商服务全国》的提案，其中提到，对口工作的重心不是"输血"，而是"造血"，要输送技术、人才、资本等经济要素，帮助对口省市培育产业、培训技术，促使其自立自强，探索出适合本地的发展模式。他指出，浙江有必要发挥数字经济"领头羊"优势，通过与对口省市合作建设数字经济产业园，输出发展数字经济的先进经验,帮助对口省市实现数字经济的高质量发展。

事实上,盘石对此早有布局。从 2021 年起,盘石的数字城市建设足迹几乎遍布全国各地,落地了上海奉贤数字产业园、黑龙江直播产业基地,并与贵州仁怀、浙江海宁等多个地市区域达成战略合作。此外,盘石在全国各地的数字产业园业务板块也正紧锣密鼓地进行建设。

田宁还把数字经济的概念和技术导入乡村振兴战略,2018 年至 2020 年间,田宁带领团队积极探索电商扶贫模式,赴贵州黔东南、四川阿坝、青海果洛、湖北鹤峰等地开展一系列数字精准扶贫工作,为贫困地区和贫困群众插上脱贫奔小康的"翅膀"。

拥抱全球化蓝海

在坚守国内市场的同时,盘石有着更大的野心——赋能全球数字经济,成为全球数字经济平台领跑者。

2014 年,国内移动互联网接入流量开始呈井喷之势并迅速增长,本土软件开发者开启了面向世界的拓荒旅程。不少国家的移动互联网发展和普及率远不及中国,市场空间潜力却远远大于中国。瞄准这一时机,盘石第一时间召开内部讨论会,"走出去看看"成为会议最终结论:根据"一带一路"共建国家移动互联网发展尚未被开发的市场情况,盘石决定建立全球数字文化出海平台龙盘 RockyPlay。

在盘石员工的努力下,RockyPlay 一步一个脚印,慢慢积累本地化经验和搭建内容生态，开辟出自己的一片天地。为扩大中华文化在海外的影响，RockyPlay在全球多个国家发布了数千款移动内容产品。现在，泰国、马来西亚、印度、印度尼西亚等数十个国家都有盘石的分公司和办事处，盘石业务覆盖100多个国家的50亿个人用户。

从最早的物美价廉的产品到TikTok等互联网应用程序，再到如今的云计算、游戏及独立应用开发、投资等，中国企业"出海"呈现出新的趋势。在田宁看来，中国与数字经济相关的"出海"正从"数字化出海"向"出海数字化"扩展。而在大力推动业务"出海"的同时，中国数字经济企业"出海"依然面临政策法规风险、地域文化冲突、本地化经验不足等问题。"出海"企业的安全合规建设已经不再是"选修课"，而是"必修课"。

近年来，对于如何解决地域文化冲突、政策法规风险、本地化经验不足等难题，盘石积累了丰富的经验。在从本土企业到国际化企业的转型过程中，必然伴随着企业人才战略的国际化。在促进与本土文化融合方面，盘石拥有优秀的管理、数字内容研发和运营团队。

全球市场是广阔的蓝海，值得为之长期奋斗。在新的经济形势下，盘石坚守"走出去"战略，充分发挥自身数字技术和资源优势，为产业数字化转型升级、企业国际化发展出谋划策，助力更多实体企业布局全球市场、拥抱数字经济。

成功秘诀

> 盘石的每一步历程，都伴随着时代发展的脚步，与国家战略同频共振。看似盘石不算在追着风口跑，实际上，盘石对前路早有准备——发展过程中，创新始终是推动企业进步的最大动力，这家致力于绘就全球数字经济美好蓝图的企业深知，不进行系统更新、不追随发展趋势必定会停滞不前。为此，成立后的20年里，它瞄准数字经济这一领域，不断布局市场、创新服务模式，推动着企业"第二曲线"的发展。

执笔人：王超

国自机器人：致力成为全球领先的移动机器人公司

企业档案

创始人：郑洪波

创办年份：2011年

2012年，创造出浙江省装备制造业重点领域省内首台（套）产品——"上海世博会海宝智能服务机器人"

2013年，研发的第一代无轨导航智能巡检机器人问世，公司成为国家电网智能机器人核心供应商

2017年，成为美国史泰博公司唯一供应商，自研成功核心技术平台Grace

2019年，在美国芝加哥国际物流展上展出全球首款SLIM堆垛机器人

2021年，成为第三批国家专精特新"小巨人"企业，确定 RAAT&RAAS 战略为公司未来发展方向

2022年，"面向飞机健康安全的智能巡检机器人及监测平台研发"获得浙江省"尖兵"研发攻关计划项目

2022年，"复杂环境下物流巡检机器人感知与控制关键技术及产业化应用"获得浙江省科学技术进步奖一等奖

上海世博会、G20 杭州峰会、天安门广场阅兵式等众多重大活动都有国自机器人技术股份有限公司（以下简称国自）机器人的身影：全球首创窄巷道叉式堆垛机器人、料箱拣选机器人 Picking、自动前移式机器人……

多年来，国自始终以技术创新为根本，不断突破不同行业的难点和技术瓶颈，现已成为全场景智能导航、多智能体调度、柔性协作与交互等移动机器人核心前沿技术的开拓者和领航者。

截至 2021 年，国自累计申请专利数量突破 1000 件（含多项国际专利），其中发明专利占 70%，预计未来每年将以 200～400 件的速度增加。累计获得各类奖项超过 100 项，其中，6 次获评浙江省制造业重点领域首台（套）产品工程化攻关项目单位，4 次获得浙江省科学技术发明奖一等奖。

作为浙江省第一批省级"机器换人"工程服务公司及国家重点专精特新"小巨人"企业，目前国自拥有自主研发的智能巡检、智能物流、智能制造三大系列产品，年销售额近 10 亿元，在全球 20 个地区和国家

以及全国 31 个省份拥有商务及技术服务团队，为超过 50 家世界 500 强企业提供服务。

2021 年，创始人郑洪波提出 RAAT 和 RAAS 战略：RAAT，指机器人即工具，要用机器人产品创造更智能的未来；RAAS，指机器人即服务，要为各行业应用提供智能化解决方案。

漂亮的开局　奠定了扎实的技术基础

2010 年 5 月，第 41 届世界博览会在上海开幕，郑洪波带领的 ROBOCUP 团队自主研发的"身高 1.55 米、浑身海蓝色、瞪着圆圆的大眼睛、还能与人交流"的 37 台海宝机器人正式亮相。这是全球首次在公共场合大规模应用服务机器人，也是一个漂亮的开局。

郑洪波，1996 年毕业于东北大学工业电气自动化专业，一直从事专业领域工作。海宝机器人的成功，让怀抱着更高梦想和追求的郑洪波决定创业。2011 年，国自正式成立。公司名称来源于"国家自动化"，这也呼应着他的愿景——"致力于成为全球领先的移动机器人公司"。

"'海宝'的研发，为我们积累了大量的技术经验和运营经验，为公司业务转向工业领域奠定了非常好的基础。其实，智能巡检和海宝的整个技术是一脉相承的，比如底盘、自主导航等都可以迁移到工业方向的应用。"郑洪波的下一个目标是智能巡检领域。

在国自富阳工业园区，可以看到一台身穿蓝色服装、长得像"瓦力机器人"的智能巡检机器人 24 小时不间断地进行着运行测试，这是依托无轨化自主定位导航等核心技术研发的智能巡检机器人系列中的一款。它的"父兄们"，早被国家电网、南方电网等旗下变电站收入麾下。

无论从最北、极低温的漠河，到最南、高湿度的南沙群岛；还是从海拔超 3600 米的拉萨，到深 80 米的城市地下管廊，在各种条件复杂、恶劣的场地，智能巡检机器人均可灵活、可靠、安全地替代人工作业。

说起该系列产品的研发，起初因为对变电站的应用场景不是很熟悉，对客户需求不是很了解，郑洪波就亲自带领整个研发团队深入变电站一线，经过一年多的反复研究和完善，终于研发出了第一款智能巡检机器人。这也为以后其他智能巡检机器人的研发奠定了基础。

如今，国自的智能巡检机器人系列在深耕电网系统的同时，在铁路、煤炭、化工、互联网数据中心等行业中都有成功的应用，未来将进一步拓展领域。

五大核心技术集大成　创造惊人的响应速度

2017 年，继在业内率先将机器人规模化运用无轨导航后，国自重磅推出国内首款集合算法、控制、传感、驱动、软件五大核心技术的移动机器人通用软硬件组态平台——Grace。该平台可快速方便地构建各类智能移动机器人产品，帮助企业轻松实现产业转型升级，形成智能制造、智慧生活的生态圈。

与美国史泰博公司的合作便得益于 Grace 系统。2016 年，全球最大的办公用品零售商之一史泰博因合作使用的 Kiva 机器人被亚马逊收购，开始在全球范围内寻找新的、更优的物流机器人合作伙伴。

在接到史泰博的电话后，国自马不停蹄地投入研发，通过大量阅读相关信息、十几次的沟通以及对场景的深刻理解，团队使用 Grace 平台的产品和技术，仅用 2 个月时间就完成了样车开发。其中，1 天完成电控系统的设计，3 天完成业务逻辑的开发和调试。这种响应速度惊呆了史泰博。

更让史泰博不可思议的是，国自在全球范围内率先创造性地设计出了搭载自主研发的仓储物流系统 STAR SYSTEM、身高 2.4 米、自带 5 层货架的料箱拣货机器人 Picking。

"当时市场上能够看到的仓储自动化机器人，搬运的是完整的货架，但我只需要其中一件货。我们这套方案的机器人搬运过来的是一套货盘，减小了搬运的颗粒度。通过这种方式，我们可以提高拣货时的命中率和效率。"郑洪波说。

就这样，国自成功打败了包括 Kiva 在内的多家世界领先机器人公司，成为史泰博物流机器人系统的全球唯一合作伙伴。目前，史泰博在纽约等多地的仓库，累计有超过 2000 台来自国自的料箱拣选机器人在运行。

作为国家"万人计划"科技创新创业领军人才，郑洪波组建了以院士为首，博士后、博士、硕士为核心骨干力量的机器人开发团队，成立浙江省机器人行业内首家省级重点企业研究院、浙江省唯一的移动机器人工程技术研究中心，研发覆盖机器人技术相关的机械、电路、软控、算法、电气、整机集成等全领域交叉学科。

"公司现有工作人员中60%为研发人员，每年的研发经费都占营收20%左右。"郑洪波说。

拓展领域　多向开发新产品

在产品研发过程中，郑洪波一直非常重视与客户的面对面交流。他认为这是收集行业情报的最佳途径。一次走访中，客户提出"希望机器人能跟着跑，甚至能放入轿车后备箱"，这一建议直接开启了国自全新一代小型化智能巡检机器人的研发。

为让机器人"减肥"，郑洪波可谓是"斤斤计较"：运动部件、电池、传感器等先后做了好几版，经过反复设计和修改，原本100公斤的机器人被缩减到50公斤，但郑洪波还不满意，"底盘可以再减2公斤，云台减3公斤，电路板减2公斤"，最终成功研发出30公斤的机器人。2018年，机器人GS200正式发布，当年销售额冲破亿元，为国自创造了巨大的利润。

伴随机器人行业的大发展，行业洗牌是早晚的事。郑洪波很清楚，"一个产品打不了天下"。2019年，国自全球首发SLIM堆垛机器人，重新定义了叉车AGV，拓展了智能物流领域。

"不同于以往由人工叉车改造而来，SLIM是第一台完全基于自动化、基于机器人的控制需求去设计的产品。对客户来说，不但操作更便捷，而且还节省了成本。"紧接着，国自又推出了SLIM前移机器人、SLIM搬运机器人，完成SLIM系列机器人家族的搭建，进一步丰富了SLIM的应用场景。

"无论在巡检还是物流等其他领域，我们所有产品的基础形式都是移动机器人，这是我们的主脉络，"郑洪波说，"具体切入时间点则与整个市场环境密切相关，智能制造是在物流基础上发现的一个市场空白。"

与三一集团的合作，是国自进一步拓展应用领域、发力智能制造的开端。至此，国自的智能巡检、智能物流、智能制造三大核心产品体系已经形成，品类多达上百款。

在该合作中，国自的重载搬运机器人在产品线方面实现了多个第一：国内首个以AGV为柔性产线智能装配的挖掘机生产线，国内首个采用全局调度（AGV+RGV）的智能柔性产线，国内首个一次性投入25台20吨AGV作为主线的柔性智能产线。据悉，采用AGV系统后，三一集团年创造效益增幅为150%。

随着三一项目的成功，国自迅速攻下徐工、中联等行业巨头，取得工程机械行业占有率第一的好成绩。

未来，郑洪波称还将继续拓展海外市场，如美国卡特彼勒公司等，"这是必须的，现在只成功了一部分"。

目前，在宝马、菜鸟物流、娃哈哈、正泰等企业的示范基地，都能看到国自研发的机器人产品。应用领域快速拓展的背后，是Grace赋能多个行业实现的技术输出。

成功秘诀

> 第一，坚持技术和应用创新。郑洪波既是学科带头人，也是企业掌舵者。10多年来，他持续做好技术创新，不断拓展应用场景，并坚持不懈做精品。
>
> 第二，及时了解和响应市场客户需求。常年深入一线的工作，让郑洪波对市场有着"一叶知秋"的敏锐度。他有着长远的战略目光，并能顺应市场及时做出调整。而较早进入移动机器人这个赛道和对业务场景的深刻理解，是国自始终保持竞争力的核心所在。

执笔人：壹新文化施娜、步赏

第二篇

生命健康：文明进步之本

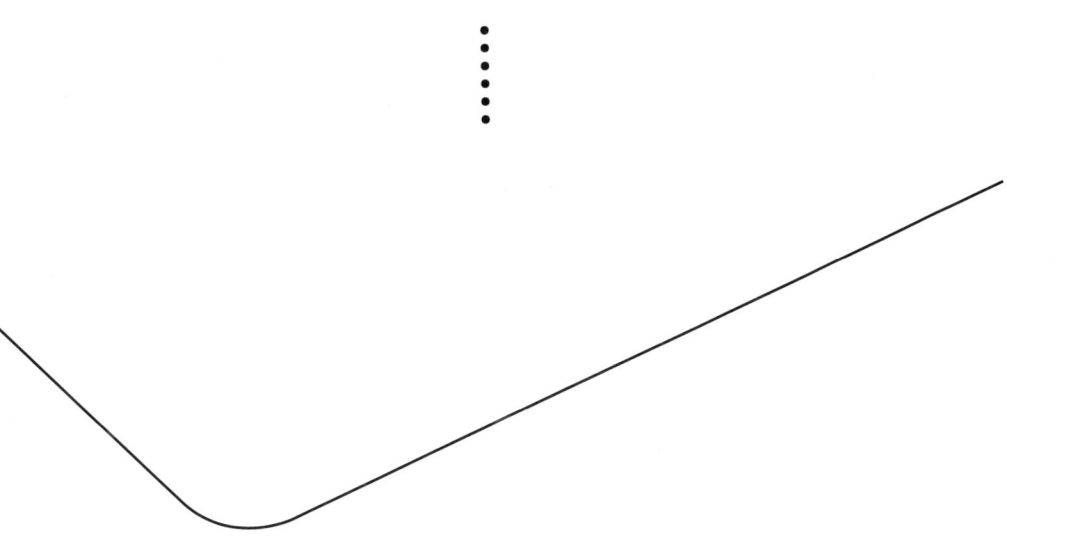

时迈药业：创造新药使病有所医

企业档案

创始人：李作祥

创办年份：2017年

2019年，荣获浙江省"海外高层次人才引进项目"

2020年，荣获2019年度杭州市领军型创新创业团队

2021年，荣获2021年"创客中国"浙江赛区企业组一等奖、全国总决赛二等奖

2021年，荣获浙江省科技厅2022年度"领雁"研发攻关计划项目立项

2022年，荣获首届毕马威中国生物科技创新50企业

2023年，荣获2022年度浙江省专精特新中小企业

2023年，荣获2023浙江最具投资价值创新企业TOP50

2021—2023年，连续三年荣获杭州市准独角兽企业

核心产品

2022年6月，DNV3与PD-1联用项目临床试验获批，DNV3是继PD-1/PD-L1后最具前景的免疫检查点抑制剂单抗。

2023年3月，EGFR×CD3双抗SMET12联合特瑞普利单抗获国家药品监督管理局（以下简称国家药监局）批准试验临床，这是浙江时迈药业有限公司（以下简称时迈药业）获得的第7个临床试验批件，研发进度全球领跑。

2023年10月，公司自主研发的Ⅰ类治疗用生物制品注射用CMD011获国家药监局批准试验临床，拟用于晚期肝细胞癌治疗。这是时迈药业获得的第8个临床试验批件，也是国内第2个、全球第3个获得临床试验批准的GPC3×CD3双特异性抗体。

药物创新是一个艰苦的历程，在业内被视为挺进"无人区"。

"共和国勋章"获得者、中国工程院院士钟南山在为《新药的故事》一书所做的序言中写道，创新的动力是科学家对未知的好奇心和对无药可治的患者的强烈责任感。

这也是时迈药业董事长孝作祥博士的心声。创新药研发虽难，但他总觉得，在这条路上，使命大于艰辛。

孝作祥深耕临床肿瘤与创新抗体研发领域30多年。2016年他在美国马里兰州成立时迈美国，次年回国并在浙江杭州成立时迈药业，开启了恶性肿瘤和自身免疫性疾病抗体药物研发之路。他说，无论是创业还是研发创新药，他只有一个目的：治病，让更多中国人从病有所医到活得更久、更健康。

凭借源头的创新能力，时迈药业如今已完成数亿元的融资，拥有包括 4 个全球已知容量最大的人源 IgM 抗体文库等多项核心技术，成功开发出 20 多个具有功能差异性的恶性肿瘤/自身免疫性疾病的靶向抗体药物，首款药物上市和公司首次公开募股（IPO）申请也已经在进行中。

从医生到创业者　　只为那颗医者仁心

杭州是生物医药创新之城，有着泰格医药、贝达药业、华东医药等龙头企业，创立只有 7 年的时迈药业，可以说是一颗新星，发展势头迅猛。

在孝作祥的回忆中，创办一家医药公司，研发创新药，始于医者仁心。

30 多年前，他是山东第一医科大学附属医院一名肿瘤科临床医生，从业 10 余年。在病房里，他见证、经历了太多的无奈，或是孩童被病痛折磨，或是家中的顶梁柱患了癌症。"他们的求生欲很强，我们也是竭尽全力，但更多的时候是束手无策的，真的很无奈。"

控制住病情、治好每一位病人的信念，就这样在孝作祥的心中扎了根。2003 年，原本要去浙江大学医学院附属邵逸夫医院任职的他决定放下一切，去美国留学深造。

研究肿瘤发病机理、制定治疗方案……在美国约翰斯·霍普金斯大学的6年里，孝作祥丝毫不敢懈怠。也正是在那段时间，他接触到了生物药物开发领域，并进入美国国家癌症研究所，致力于肿瘤发病机制及抗体药物开发研究，用他的话来说，是想与最前沿的创新药研究者们一起探索"治疗癌症有什么妙招"。

彼时，美国前总统吉米·卡特罹患癌症，通过PD-1免疫疗法让癌细胞消失的消息轰动全球，也给了孝作祥以信心：原来癌症是有治愈希望的。

钻之愈深，知之愈明，行之愈笃。那时，世界上的免疫治疗刚刚起步，一片蓝海等待开发。2016年他决定和志同道合者在美国组建一家创新药研发公司，其间，遇到了中国国家食品药品监督管理总局首位海外引入高级人才、首席科学家何如意博士。他鼓励孝作祥回国创业，从事创新药的研发。他说："现在国内的政策十分支持生物制药领域。"同时牵动孝作祥的，还有他自己的拳拳报国心。作为中国人，肯定要回国发展，要为国人研发创新药。

据悉，当时中国的生物医药领域都是仿制药，鲜有创新药的身影。国家提出，要以临床价值、临床需求为导向，进行创新药的开发。

"本土创新药研发正深陷同质化'内卷'，以健康为导向的技术、产品是未来创新药发展的重要趋势。"孝作祥表示，当前，热门靶点扎堆、研究高水平重复等已成为创新药研发领域难以回避的问题。而时迈药业在成立之初便致力于找到这样一条破局"内卷"的有效路径——从源头创新，探索少有人涉足的新药靶点和疾病领域，做真正的创新药。

他提到，自己原本就是一名肿瘤科的临床医生，这是自己的优势，他知道患者需要什么。

带着这个想法，孝作祥回了国。一开始，他在北京、上海和深圳等城市寻觅创业机会。一次，他拜访了他的博士生导师、原浙江医科大学校长郑树先生，郑校长说，杭州是一块创新创业热土，在杭州创业就很好。就这样，时迈药业于2017年在杭州落户。那时候的孝作祥只有一个目标：把中国医药行业的源头创新做起来。

从0到攻破技术壁垒　不追热点只为临床

万事开头难，更何况要做一家致力于创新药研发的医药公司。

现在想想，孝作祥都觉得自己真的是"初生牛犊不怕虎"，当时连办公场地都没有，人员、资金，什么都缺，可谓"一穷二白"，在这样的情况下就把公司给注册了。

获得的第一笔5000万元的投资，来自浙江贝达药业股份有限公司董事长丁列明。在美国，孝作祥就和丁列明接触过，对方对他做创新药研发的决定很支持，用丁列明的话说，孝作祥"值得信任"。

2010年，杭州高新区（滨江）推出了浙江省首个海外高层次人才创新创业扶持计划"5050计划"。该计划将重点引进一批带技术、带项目、带资金的海外高层次创新创业领军人才。

因被滨江浓厚的创新创业氛围吸引，公司选择落户滨江，并且入选滨江"5050计划"重点扶持企业。"无论是资金扶持，还是帮助我们促成产业链上下游的合作，'5050计划'都给了我们强有力的支撑。"孝作祥说。

有了资金还不够，源头创新才是关键。创新药的研发被称为"十年磨一剑"，甚至还要凭运气，风险较大。

在美国，创新药研发成功率只有2%，一旦失败，企业可能面临十几亿美元投资"打水漂"的风险。

时迈药业该如何打响第一战？孝作祥认为，首先要明确主战场在哪里，主攻方向又在何方。在他看来，既然是创新，前期就需要天马行空的想象力，要有前瞻性；后期要有咬定青山不放松的定力，当然还需要运气。但更重要的是前期，他将这一过程比作打靶，若定位不准，则失之毫厘，谬以千里。前期规划不是凭空想象，而是要有应用的价值。"临床需求什么，我们就开发什么，我们不追热点。这是我们的价值。"

他说，这一过程虽然艰辛，但是"药"之大者，为国为民，相信自己肯定能研发出对中国和全球患者有价值的创新药。何谓有价值？即在全球都有竞争力，甚至是独一无二的。

如今，癌症的治疗已经从过去的传统化疗、放疗转变为免疫治疗、靶向治疗。他认为，一定要专注于这一方向。

找准方向只是第一步。如何推动药企长期可持续创新发展，成为长期摆在众人面前的一道考题。时迈药业的答案是：依靠人才。

"人才是新药研发的第一资源、最宝贵的资源。做'全球新'的药，就需要全球顶尖的人才。"孝作祥说。在时迈，就聚集着一支由海内外高层次人才领衔、具有全球视野和竞争力的技术团队，包括归国专家、博士、硕士等各类高级人才，涵盖创新研发、临床研究等多个领域。

比如孝作祥自己就有着10多年的临床肿瘤医学经验，从事肿瘤发病机制及治疗药物开发研究30多年，在全球首次构建了模拟人非小细胞鳞状细胞癌小鼠模型，为进一步研究肺癌的发病机理及治疗药物开发提供了理想的动物实验模型。

目前，依托核心技术平台，整合中美两地资源及人才优势，时迈药业建立了完善的创新生物医药研发体系。核心团队打破制药行业的技术壁垒，自主开发了几大具有全球竞争力的核心技术：包含4个超大容量全人源IgM抗体文库和鼠、兔、猴等多个种属免疫文库的创新抗体序列发现平台、拥有完全自主知识产权的双/三抗平台、新一代抗体药物适应证筛选动物模型等。

其中，抗体平台是源头创新产品开发成败的关键因素之一。据介绍，时迈团队利用前沿技术及多年的经验成功设计开发出了具有完全自主知识产权的双抗/三抗平台，以解决目前双抗产品成药性差及高毒副作用两大开发瓶颈。

优质的大容量文库则是时迈药业实现创新抗体药物开发从无到有、从0到1的源头。团队从抗体文库中筛选药物的成功率接近100%。目前，时迈药业所有产品管线的序列和分子设计均来源于自主建立的抗体文库和平台。

由于研发不断"开花结果"，时迈药业的源头创新能力也渐渐得到管理部门和投资界的认可。公司先后取得2019年度杭州市领军型创新创业团队和2021年"创客中国"浙江赛区企业组一等奖、全国总决赛二等奖，全国颠覆性技术创新大赛总决赛优秀奖。

2022年，时迈药业已完成数亿元的融资，开启IPO之路。这让孝作祥更加坚信，当初来到杭州开启创业生涯的决定是十分正确的。

当前，时迈药业正在加速完善终端产品开发、阶段性中期产品转让、技术平台应用授权相结合的发展模式。

孝作祥表示，时迈药业的更大愿景，是依托自身的核心竞争力，在满足自身产品管线开发的同时，也可为国内其他制药企业提供丰富的产品输出，为推动中国创新药领域的发展提供更多助力。

"有想过这个过程中会有失败吗？"笔者问。孝作祥回答：没有，也不敢想。他说，创业好比坐船，不进则退，得想尽一切办法、用尽全力。与其畏首畏尾，不如就咬定青山，一定要把这件事做好。"如果全身心地去做一件事情，可能全世界的资源都会集聚到你这里，要相信信念的力量，更要相信人是具有巨大潜力的。"

孝作祥认为，对比全国城市，当下杭州对生物医药产业的政策扶持力度走在前列，这无疑为企业在杭州做大做强注入了极大的信心和动力。

成功秘诀

成立仅7年的企业何以独领风骚？

其一，拥有中美两地的资源与人才优势，具备充足的开展创新药物研发的实力。

其二，政策支持和资本的不断加码，为创新药研发不断注入活力与动力。

其三，以患者需求为研发目标。始终坚持以患者需求为中心、以临床价值为导向，这是成功的根本。

其四，以医者仁心为理念开发现代技术。7年时间里，时迈药业以技术为矛，用医者仁心做盾，挺进"无人区"，走出了一条中国医药创新之路。宝剑锋从磨砺出，时迈药业用执着与信念，回敬汹涌风浪，用创业与先行，开拓健康行业的疆土。

执笔人：童笑雨

英百瑞：NK细胞疗法为癌症患者带来福音

企业档案

创始人：苗振伟

创办年份：2014年

2016年，在CAR转导技术上实现突破，将研发重点转移至CAR-NK细胞疗法

2018年，在国际上率先解决自然杀伤细胞（NK细胞）培养难题，解决率达到90%

2020年，获得龙磐投资8000万元人民币的天使轮注资

2022年，完成2.3亿元人民币A轮融资，累计获得3.1亿元融资

2022年9月，IBR733细胞注射液临床试验申请获得国家药监局受理，为国内首个非病毒非基因修饰方法的CAR-raNK细胞疗法

2022年11月，IBR854细胞注射液临床试验申请获得国家药监局受理，为

国内首个针对实体肿瘤的非基因修饰方法的CAR-raNK细胞疗法

2023年1月，IBR854细胞注射液获得国家药监局临床试验默示许可

目前的化疗、放疗及常用抗肿瘤药物，在杀死肿瘤细胞的同时也大量杀死良性细胞，因而对人体伤害极大。时至今日，NK细胞治疗在全球尚未有一款成药出现，可见开创性研究是何等艰难。但苗振伟已成为"破局"之人，他研发的NK细胞疗法将带来人类肿瘤治疗方法的巨变，彻底颠覆"杀肿瘤必伤身"的传统观念。

英百瑞生物医疗有限公司（以下简称英百瑞）成立于2014年，2年后，这家极具前瞻性的公司选择了天然对感染细胞具有杀伤性的、不易攻击健康组织的NK细胞作为探索方向。作为细胞治疗领域的先行者，英百瑞步履不停，目前已开发出多款细胞疗法，其中2款新药临床试验申请（IND）已获国家药监局受理。

学科融合奠定创业基础

苗振伟本科就读于南开大学有机化学专业，这所强调基础知识、基本实验技能"双基"训练的学校，深深影响了他之后的求学和创业。

硕士阶段，苗振伟进入北京大学深造。在这里，他受教于中国当时最早开展胰岛素研究的邢其毅院士，开始接触生物学技术——多肽合成；博士阶段，苗振伟又师从国内最早开展胰岛素晶体结构研究的唐有祺院

士，致力于结晶和结构化学研究。毕业后，苗振伟凭借出色的学识得以留校任教。

1991年，中国科学院院士唐有祺以"生命过程中的重要的化学问题研究"为题承担了首批国家基础科学攀登计划，这也是当时化学专业唯一一个攀登计划课题。这场由北京大学发端进而席卷全国的化学生物学研究浪潮，将苗振伟带到了学科的最前沿。

化学专业出身的苗振伟，在北京大学逐渐接触了生物，开始参与这项研究，进一步实现了多学科的知识融合，并从理论走向实践。在此过程中，他的实践兴趣也逐渐萌发，从学术研究一点点向药物开发靠近。

"北京大学的学习与工作经历，让我认识到要从结构角度看待生物学活性。唐院士曾说过，学化学的人，一定要避免'只看树木，不看森林'，化学是分子学科，合成设计要做得精细，同时也一定要有结构的观点。所有的药物包括一些关键分子，都是通过大分子的高级结构起作用的，包括体内的蛋白质、酶、受体等。这些经历对我后来开展药物开发有非常好的指导意义。"苗振伟感慨地说。

1997年，苗振伟赴有"南方的小哈佛"之称的美国范德堡大学微生物学和免疫学系读博士后，在这里，他参与多肽疫苗设计，主攻肽连接，建立起水溶液化学的概念，为后面真正迈向新药研发领域进一步奠基。

离开学校迈入企业后，苗振伟很快完成了从学术界到企业界的跨越。从业之初，他加入小分子药物开发公司依南达制药股份有限公司（Enanta

Pharmaceuticals）担任首席安全官（CSO），该公司与艾伯维合作研发的丙型肝炎治疗药物 Mavyret 在 2014 年获批上市，苗振伟是该药物的主要发明人之一。

继小分子药物研发之后，苗振伟加入艾博恩（Ambrx）担任资深化学总监 8 年之久，并创造性提出了抗体–药物偶联物（ADC）研发方案，这项技术在业界被称为"生物导弹"。

苗振伟解释，抗体和高活性小分子偶联即是生物和化学的结合，是交叉学科的产物。"事实上，一直到今天，我们所做的新药开发都是建立在化学和生物的交叉融合之上的，这也是后来英百瑞研发的第一原理，这是我们的底层逻辑。"他总结道。

创新突破掌握核心技术

2010 年，苗振伟动了创业的念头，他离开 Ambrx，先后成立了几家公司。直到 2014 年，他回国创办英百瑞，走上了细胞免疫疗法的探索之路。

彼时，细胞疗法赛道火热，但多数聚焦于 T 细胞。英百瑞选择了全球前沿的 NK 细胞治疗药物和细胞连接器开发，以解决临床所急需的肿瘤和免疫类疾病的治疗。

苗振伟介绍，NK 细胞作为人体免疫系统的第一道防线，具有强大的杀伤能力，能自发杀伤肿瘤细胞和病原体，并参与机体的抗肿瘤免疫监视和免疫应答。而CAR-NK疗法，就是在NK细胞的基础上加上特异性CAR结构。

"这方面的研究用到了我多年积淀的知识和经验，原理仍是化学与生物的结合，实现抗体和细胞定点偶联且并不影响细胞的功能，而且条件温和；改造后的NK细胞，能够最大限度减轻对人体健康细胞的伤害。"苗振伟说。

在英百瑞的发展历程中，创新这一概念贯穿于从药物设计到试验、临床的各个环节。通过不断地自主创新，英百瑞掌握了非基因修饰的CAR-raNK和tiNK细胞疗法两大独有核心技术。

其中，在产品设计上，英百瑞开发的CAR-raNK技术，通过连接子将靶向肿瘤抗原的特异性抗体与NK细胞进行化学共价偶联；抗体把NK细胞带到肿瘤部位进行定点清除，杀死肿瘤细胞。同时，抗体和癌细胞结合本身就可以触发NK细胞的杀伤活动，产生抗体依赖的细胞介导的细胞毒作用（ADCC效应），大大增强了对肿瘤细胞的杀伤效果。

此外，因NK细胞仅占外周血淋巴细胞总数的5%～25%，而T细胞占到了60%～70%，培养NK细胞时一不留神就会培养成T细胞。为获得足够数量的NK细胞，英百瑞在NK细胞的培养上下了一番苦功夫，在尝试了全世界各种商品化的培养试剂盒后，英百瑞决定自己研发试剂盒。

2018年，英百瑞获得了技术突破，开发了tiNK。其用全因子无滋养细胞、符合药品生产质量管理规范（GMP）和临床规范的无动物来源血清试剂盒进行培养，在国际上率先解决了NK培养难题，实现了NK细胞的高纯度、大量扩增，细胞纯度可以达到90%。"在这一工艺下，一位供者提供的外周血可以满足50～100人的NK细胞治疗需求。"苗振伟介绍。

近年来，凭借国际独创的tiNK、CAR-raNK细胞技术和国际领先的体外大规模封闭式培养NK细胞的先进工艺，英百瑞在产品线上发力，13条管线全面铺开，开发了多个通用现货型细胞治疗产品，有多个治疗实体瘤和血液瘤的新药正在推向临床阶段。

2022年，英百瑞的研发取得了诸多重大突破，具有里程碑意义。英百瑞针对复发难治的急性髓系白血病（AML）的CAR-raNK细胞药物IBR733也获得了国家药监局的IND受理，单药和联合治疗的临床试验顺利推进，并取得显著疗效，初步证明了其安全性和有效性，有望彻底治愈AML，惠及广大的患者。

同时，公司自主研发的首款针对晚期实体肿瘤的CAR-raNK细胞药物IBR854获得国家药监局的IND批件，研究者发起的临床研究（IIT）在多家医院顺利推进，这也是国内首个针对实体肿瘤的非基因修饰方法的CAR-raNK细胞疗法。2023年初，更是传来好消息，英百瑞IBR854细胞注射液获得了国家药监局临床试验默示许可。

致力开发临床急需新药

在现代医学领域,靶向治疗在癌症治疗中占据一席之地,然而,靶向药时代的终极困境是耐药,同一肿瘤病灶内可能同时存在具有不同基因突变的肿瘤细胞。这意味着,一种或几种靶向药物并不能消灭所有的肿瘤细胞。当治疗进展逐渐缓慢,疗效开始式微,力不从心的感觉就会逼近。

在苗振伟看来,做新药开发必须有担当,要敢于解决临床所急需的新药开发问题。"当其他治疗无能为力的时候,我们要勇于顶上去,这是新药开发的意义,所以英百瑞始终致力于解决更多临床困难,满足医疗切实需求,以病人获益为中心。"

2021年11月15日,苗振伟曾接到过一个生物医药领域老友的来电,对方为一位不足2周岁且确诊罹患急性髓系白血病的小患者黄豆豆向其寻求帮助。

最终,英百瑞为黄豆豆提出了传统化疗和CAR-NK细胞药并用的治疗方案。苗振伟介绍,如果把化疗药物无差别的细胞杀伤比作是一种"减法疗法"的话,CAR-NK细胞药则像是人体的"加法疗法",在现有治疗格局之外,为黄豆豆搏一线生机。

回头看针对黄豆豆的治疗，种种努力下的结局似乎比预期好了太多——CAR-NK细胞药不负众望，在联合治疗中表现出了较显著的成效，患者的病情最终获得了完全缓解，黄豆豆的人生没有被疾病所绑架。

这一结果让英百瑞的研发团队大受鼓舞。对于NK细胞治疗，对于AML，苗振伟也寄予了厚望，"很多适应证已有诸多治疗手段，多我们一个不多，少我们一个不少，顶多是跟大家一起竞争这块市场。但是，面对类似AML等临床尚无法治愈的疾病，为了延长更多病人的生命线，英百瑞必须迎难而上"。这位务实的技术型企业家语气中透露出坚定。

这些年，苗振伟接触的受试病患很多都是晚期，他们中大多数人的生命历程逐步走向"山穷水尽"。苗振伟带领着英百瑞想成为这样一个"指引"的角色：关注癌症的末线治疗，充分挖掘NK细胞免疫治疗临床的安全性、有效性，让病人的这条"路"长些、再长些，让更多患者感受到"柳暗花明又一村"，甚至像2岁小女孩黄豆豆般，生命重绽希望。

在新药研发的漫漫长路上，英百瑞一往无前，无疑是NK细胞治疗研究领域的中流砥柱。创立10年来，英百瑞羽翼愈发丰满。2023年5月，总部正式乔迁至杭州滨江冠山数智产业园，拥有了近3200平方米的GMP实验室和约1800平方米的办公室。在这里，苗振伟正带领英百瑞的核心技术团队，徜徉在NK细胞治疗的辽阔海域中，日进一寸，向着"临床急需新药开发"的灯塔不断前行。

成功秘诀

在人类与疾病抗争的战役中,武器库始终在升级扩充,彼时彼处,苗振伟带领的英百瑞为NK细胞治疗解决更多的临床无法治愈的疾病问题而不断努力。这是一条对新路的探索,这是一种技术的创新。其成功秘诀为:

第一,具有科技报国的精神动力。这位专业扎实、履历丰富的企业家,多年来对于创新实践有着不懈的追求。这种信念驱使他不断求学和攀登,在就业后多次参与新药研发。强烈的爱国心促使他最终带着技术回国创立英百瑞公司。

第二,坚持以创新创造价值。采访过程中,苗振伟提及,新药的创新有两种。一种创新是药物本身的创新,做别人做不到的技术;一种创新是临床创新,解决临床无法治愈的疾病问题,在他看来,这是价值更大的创新,也是英百瑞的价值所在。

第三,坚持科技创新与人文关怀相结合。作为自然科学领域分支的医学,不仅需要理性精神,而且需要人文关怀。以创新为底色且富含大爱的英百瑞,也是浙江生物医药企业新药开发中标志性的范例。

执笔人:王超

寿仙谷医药：百年老字号的坚守与嬗变

企业档案

创始人：李明焱

创办年份：1997年

2003年，金华寿仙谷药业有限公司成立

2010年，浙江寿仙谷医药股份有限公司被商务部授予"中华老字号"。

2012年，"寿仙谷中药炮制技艺"登榜第四批"浙江省非物质文化遗产名录"

2014年11月，"武义寿仙谷中药炮制技艺"被国务院列入"国家级非物质文化遗产代表性项目名录"

2017年5月，寿仙谷在上海证券交易所主板成功上市，成为中国灵芝、铁皮石斛行业第一股

2018年4月，寿仙谷"第三代灵芝孢子粉去壁提纯技术"成果和产品荣获

第46届日内瓦国际发明展金奖

2018年12月、2019年2月，由寿仙谷领衔制定的《中医药-灵芝》《中医药-铁皮石斛》ISO国际标准颁布实施

2020年8月，由张伯礼院士牵头，寿仙谷、浙江大学药物信息学研究所、天津中医药大学合作共建的"张伯礼智慧健康创新实验室"在杭州未来科技城成立

2021年12月，公司获评浙江省人民政府质量奖

2022年8月，由李玉院士牵头，寿仙谷与吉林农业大学共建的寿仙谷生物育种创新中心启用

2023年7月，寿仙谷和中华中医药学会共同发起的国家重大科学问题联合攻关项目——"中药免疫调节剂去壁灵芝孢子粉抗肿瘤效应及机制研究"项目启动

在浙江武义，坐落着一家有着"灵芝第一股"美誉的上市公司——浙江寿仙谷医药股份有限公司（以下简称寿仙谷）。

寿仙谷是"中华老字号"企业，其发展史可追溯至1909年成立的寿仙谷药号。"重德觅上药，诚善济世人"，百余年里，一句祖训，百年传承，几代人的追求和奋斗，缔造了一个底蕴厚重、不断追求创业创新的"中华老字号"企业。

无论时间如何演变，寿仙谷一直为推进中医药事业发展传承着担当、

创新的企业好家风，并迸发出勃勃生机。20余年来，老字号寿仙谷第四代掌门人董事长李明焱带领企业以百年老字号为底色，加以创新，终让寿仙谷成长为一家集名贵中药材和珍稀食药用菌品种选育、研究、栽培、生产、销售等于一体的综合型现代中药国家高新技术企业。

医家传人擦亮百年招牌

风景秀美的武义山有一户人家，世代行医，家族中的李明焱自幼随父亲行走于武义山水之间，采药、为百姓治病，在心中埋下了用草药治病救人的"种子"。

事实上，这份与中草药的渊源，还可追溯至更为久远的时光。清光绪年间，寿仙谷药号创始人李金祖是当地有名的中草药郎中，还发明并掌握了别具一格的寿仙谷中药炮制技艺。该技艺以言传身教的方式世代相传，到了李明焱这里已经是第四代嫡传。

20世纪90年代初，李明焱作为国家"星火计划"带头人被国家科学技术委员会选派到日本研修。在日本之行中，李明焱被中外中药材的巨大差距深深触动。据他回忆，当时国际市场上大量流通的中药都是日本汉方药（日本对中药的称呼），而中国作为中药发源国，在中药材品种方面却严重依赖进口。

为了改变中药材的行业现状，学成归国后，李明焱从中药材育种这一基础工程抓起，将研究重点转向了他心目中的"仙草"——灵芝和铁皮石斛。1997年，李明焱成立了浙江寿仙谷医药股份有限公司，正式复牌百年老字号寿仙谷。他传承祖辈技艺，成为老字号的第四代掌门人，并依旧孜孜不倦研究灵芝、铁皮石斛等名贵珍稀中药材的开发和利用。

20世纪90年代前，国内尚未研发出灵芝、铁皮石斛的人工种植品种，以二者入药均需采集野生资源。而作为像"大熊猫"一样的濒危物种，灵芝和铁皮石斛对生长环境的要求极高，繁殖很慢且稀少，产量远远不能满足市场需求，还伴随着药材质量不一、野生植株缺乏保护等一系列问题。相比之下，当时日韩等邻国均已育成人工灵芝品种，并实现了标准化、规模化的种植。

这种差距在李明焱看来就是商机，犹如明灯照亮了他的创业之路。他深知，人工培养的技术难关一旦被攻破，将为市场注入全新的生机，给更多的人带去健康和长寿。为此，他带领寿仙谷药业开始了对原木灵芝和铁皮石斛仿野生栽培的研究。

优良品种的选育是决定中药行业健康发展的关键因素。李明焱团队花了近10年时间，经历了重重困难，收集了70多种不同的铁皮石斛，反复地组培、筛选、对比，终于选育出了形状与野生铁皮石斛一致、有效成分远远超过国家药典标准的优良品种"仙斛1号""仙斛2号"和品质远高于日本红芝和韩芝的灵芝新品种"仙芝1号"，并成功应用于产业化生产。这项技术让寿仙谷再次擦亮了百年老字号的牌匾，结合科技创新和古方制造，走出了一条标准化产业化的发展道路。

守正创新　技术赋能发展

对于寿仙谷来说，创新始终是企业发展的灵魂，更是维持百年老字号活力的关键因素。公司成立以来，寿仙谷针对灵芝全产业链中存在的育种相关理论尚未清晰、高优品种匮乏、高品质加工技术不足、缺乏全产业链标准技术体系等瓶颈问题，几十年如一日地开展科研攻关。

研发的背后，离不开一支"最强大脑"队伍的助力。近年来，寿仙谷陆续设立了由国内顶级专家组成的院士专家工作站，建设以两院院士及其团队为核心进行科学技术研究的一体化高层级科技创新平台。目前，企业拥有院士7人、国家"万人计划"人才2人、创新研发团队百余人，占企业总人数比例超10%。

历经多年产学研合作研究，寿仙谷揭示了自主选育高优品质灵芝遗传特性，构建了全球最大的灵芝种质资源库及数字化种质资源库，奠定了我国在灵芝品种选育和资源积累方面的国际领先地位；率先育成了高产孢、高营养、高功效和高抗逆的优质新品种"仙芝2号"，构建了"育繁推"一体化数字链技术，实现了灵芝营养功能靶向育种的零突破。

同时，寿仙谷还创建了超音速切线紊流破壁膜、微纳去壁孢子粉加工新技术和新装备，攻克了"破膜去壁"瓶颈，填补了灵芝高效精深加工技术的国际空白，多糖、三萜含量比常规破壁灵芝孢子粉高出10倍，不断引领世界灵芝产业的高质量发展。

中医药要走向国际，在创新和传承之中不可或缺的是标准化。为此，寿仙谷苦练内功，积极参与主导制定国际标准，以让人信服的数据和实力，主导制定了灵芝、铁皮石斛的ISO国际标准。这2项国际标准先后于2018年、2019年颁布实施，为中国灵芝、铁皮石斛产业走向世界奠定了坚实的基础。

2023年11月10日，在浙江省创新深化大会上，寿仙谷公司"灵芝全产业链高品质加工关键技术及产业化"项目荣获浙江省科学技术进步奖一等奖，浙江省委书记易炼红亲自为寿仙谷董事长李明焱颁发获奖证书。这份重磅荣誉，是对企业科技创新最大的肯定和鼓励。

加快构建未来核心竞争力

在很多人眼里，寿仙谷是一家具有"匠心"精神的百年老字号企业，始终抱守着发展灵芝、铁皮石斛等珍稀中药材的信念。在李明焱看来，"寿仙谷只是很'轴'，远离取巧，几十年如一日专业专注地做一件事"。对他来说，"匠心"是一味需要慢慢煎熬才能炉火纯青的药，"但它不是因循守旧、故步自封，而是将传承与创新有机融合，我们寿仙谷正是将传统中药与新工艺、新技术相融合，才有今天来自专家和消费者的良好口碑"。

因此，即便事务再繁忙，李明焱依旧会将工作60%的时间花在技术研究上。在科技发展迅速的今天，他看到了现代技术的巨大潜力，并带领企业迅速布局，运用新一代信息技术，加快构建未来核心竞争力。

"中医药作为传统行业，守正创新是关键。守正是指我们要继承前人积累的优秀成果；创新是指我们要利用好当下所取得的优秀科学成果，为中医药事业发展服务。而数字化技术就是人类社会发展中涌现的浪潮，给了中医药保健企业新生。"李明焱说。

攀登科技高峰，永无止境。2020年，浙江省率先提出"未来工厂"的概念，寿仙谷积极响应，把未来工厂建设融入企业发展战略，赋能企业数字化转型和智能化升级。以寿仙谷国药种植基地为例，这片种植着近2000亩铁皮石斛的基地，通过数字农业系统，给农业生产管理装上了"千里眼""听诊器"与"控制台"，实现了智慧用电、智慧用水、智能监测、智能控制和智能追溯。

当前，总投资近5亿元的寿仙谷未来工厂正在加速建设，2023年6月还顺利进入省级未来工厂试点企业名单。对于这家百年老字号企业来说，未来工厂建成后，就等于建立起能适应未来30年发展的先进的研发体系与制造体系，在中药行业率先推动数字化转型，构建产业链发展体系，带动周边一、二、三产业协同发展。同时，利用数字技术推动传统中医中药工艺革新，寿仙谷将形成标准化、可大规模复制的生产流程和工艺流程，通过标准化技术与工艺，提升产品的产量、质量，构建技术壁垒与产品壁垒，形成企业核心竞争力。

朝着这一目标，寿仙谷正在不断前行。未来，寿仙谷将继续秉承

"科研立企"战略，不断加强科技创新和全产业链升级，继续发挥科研优势和创新能力，持续推动灵芝产业的健康高质量发展，为人类健康事业作出新的更大贡献。

成功秘诀

其一，坚守"以上药济世"的初衷。寿仙谷药业不忘初心，矢志不渝，谨记着"重德觅上药，诚善济世人"的祖训，坚持"为民众健康、美丽、长寿服务"的宗旨。

其二，坚持传承与创新相结合。在传承传统中医药技艺的基础上，寿仙谷药业不断探索创新，以领先行业的自主创新能力，引领并推动国内健康产业的标准化、规制化、高质量化发展。

其三，坚定决心打造药业品牌。有着百年发展史的寿仙谷药业，具有极强的品牌意识，以优良品质和市场口碑获评国家高新技术企业、农业产业化国家重点龙头企业、国家级非遗代表性项目保护单位等荣誉，不断擦亮金字招牌。

执笔人：王超

领航基因：一个潜水爱好者的领航之路

企业档案

创始人：夏江

创办年份：2014年

2018年，国内首款具有独立自主知识产权的生物芯片阅读仪（Digital PCR，dPCR）iScanner24（浙械注准20182400319）上市

2022年，获得5张欧洲体外诊断注册证（CE-IVD），成为全球首个提供基于数字PCR的血流感染和呼吸道感染完整解决方案的CE获证企业

2022年，自主研发的全球首台数字PCR工作站DW3200与全自动数字PCR系统AD3200获得欧洲体外诊断注册证

2022年，荣登"2022未来医疗100强"主榜"中国创新医疗器械100强"

2022年，成功入选2022杭州市独角兽&准独角兽企业榜单

2023年，参与的2022年度国家重点研发计划"常见多发病防治研究"重

点专项"感染性休克的早期快速规范化治疗研究"项目成功获批

脓毒症致死率在20%～50%，每延迟1小时，患者死亡率就会增加7.6%，因此，获得及时的诊断和对症治疗对于脓毒症患者的生存和康复至关重要。2021年6月，复旦大学附属华山医院感染科张文宏教授团队收治了一名老龄患者，患者病情危急，团队当即决断采用最新的病原菌核酸检测技术——数字PCR技术，在其他微生物培养结果阴性无可供参考的情况下，根据数字PCR仪器的辅助诊断结果与多方其他临床证据，对患者迅速进行了相应的抗生素治疗。110小时后，患者的病情得到了控制，转危为安。这个案例凸显了数字PCR仪器在脓毒症患者病原菌感染的临床辅助诊断和早期预警方面具有非常重要的临床价值，张文宏教授团队已将其作为典型案例并发表相关文章，而其使用的数字PCR技术及配套病原菌检测产品均来自杭州市的一家准独角兽企业——领航基因科技（杭州）有限公司（以下简称领航基因）。

能够助力国内顶尖的张文宏教授团队创造典型案例，数字PCR技术究竟有什么样的魔力？产品服务于顶尖团队的领航基因又是一家什么样的企业，能用8年时间迅速成长为准独角兽企业？这一切都要从2014年说起。

6年磨剑　劈开自主创新路

2014年6月，夏江离开了其供职的全球科学服务领域的领导企业——赛默飞世尔科技公司（Thermo Fisher Scientific），开始独立创业。此时距离他入职该企业正好6年。6年来，从事销售岗位的他帮助很多企业实现了国外技术的国产化落地，并通过商业模式的传授，取得了良好的业绩。

常在河边走，难免想试水。经过6年历练，夏江认为自己无论在技术领域还是商业模式上都积累了丰富的经验，即便是照猫画虎，引进落地一两项国外技术并实现盈利也并不是难事。于是，领航基因便应运而生，致力于数字PCR技术研发。

然而，指导别人游泳和自己亲身去试水还是有着很大的不同。公司成立后，夏江便感觉到了真切的压力，首先需要解决的就是人和钱的问题。没有人，夏江就"三顾茅庐"，组建了研发团队；没有钱，他就和几位合伙人掏出了积蓄。

其次便是研发方向了。对于这家初创公司而言，最快的发展路径自然是如夏江以往所做的，与外企合作将上一代技术进行国产化，夏江和他的团队最初也是这么打算的。为此，他们对国外的数字PCR仪器进行了详细的模块化分析，在此过程中，他们还和中国科学院、浙江大学的教授进行了合作。随着分析的深入，夏江的思路却悄然发生了改变。

"你把模块化分解得越细,你对技术的画像就越清晰。"夏江发现,其实在数字PCR领域,无论是国内高校的基础研发能力,还是零部件的配套,完全可以满足自身研发生产需求。于是,他果断地调整了思路,从"借别人的鸡下蛋"直接调整为"让自己的鸡下蛋",即实现数字PCR的真正国产化。

当然,说起来容易做起来难。公司起步时投入的600万元很快就"烧"完了,在其后的4年里夏江和团队只顾埋头研发而未去融资,导致公司财务最紧张的时候,不但夏江卖掉了自己的房子,而且众多员工也一起帮助公司共渡难关。皇天不负有心人,经历4年的埋头苦干,2018年,夏江带领着员工研制出了公司的第一台数字PCR仪,在自主创新的道路上钉下了第一颗钉子。

创新为基　力求打通产业链

数字PCR技术究竟有什么样的魔力,让夏江及其团队忘我地投入其中呢？比如:在现有的诊断技术下,有些肿瘤可能发现即晚期,如果运用数字PCR技术便可以在更早的时候发现;对有些疾病如前述脓毒症感染患者病原菌的诊断,传统检测方法在灵敏度和检测时效上均存在行业痛点,但通过数字PCR技术,只需要外周血样本,以近乎无创的方式即可为医生开展对症治疗提供重要的支持。

显著的技术优势也是推动夏江和他的团队不断前行的动力。从 2018 年以来，领航基因陆续获得生物芯片阅读仪 iScanner24（浙械注准 20182400319）、样本制备仪 DG16（浙杭械备 20180367）、生物芯片阅读仪 iScanner5（浙械注准 20192220007）、PCR 扩增仪 iThermal 1.0（浙械注准 20192220133）等医疗器械注册证书，推出全球领先的数字 PCR 工作站（DW3200），这标志着他们的数字 PCR 产品从研发阶段进入了产业化量产阶段。与此同时，领航基因申请数字 PCR 产品相关专利 109 项，获授权 49 项，在国产数字 PCR 行业中位居前列。

目前在世界范围内，数字 PCR 系统比较知名的公司是伯乐公司（Bio-Rad）和赛默飞世尔科技公司，它们的数字 PCR 系统分别是微滴式和芯片式，在技术原理上各有千秋，关键的是核心技术卡在它们的手中。领航基因的液滴式数字 PCR 系统采用了有别于伯乐公司的液滴生成技术，基于自主专利的油相配方和独特的微流道设计，确保样本加载芯片后不再需要移液操作，避免人为操作带来的交叉污染和样本损耗；七色荧光通道和 32 张液滴芯片的高通量检测也是这套系统的特色，可以最大限度地扩展产品的应用范围和增强用户的体验度。此外，夏江及领航基因等相关合作伙伴不断开发适配上述平台的应用试剂盒，全周期、全方位、全场景提供产品及服务，助力生命科学及临床诊断实现跨越式发展。

自主知识产权、国产成本控制和完善的数字 PCR 服务整体方案，使领航基因获得了比较优势。"就好比买车，你买合资车就只是买了一台车，要开的话还要去加油等。你买我们的车，不仅马上就能开，而且包含保养、维修等的全套方案都帮你设计好了。"夏江认为，这样的错位竞争，正是使领航基因在逐渐变为"红海"的数字PCR赛道上取得国内领先的重要法宝之一。"2022年国外企业的销售量都没能超过我们，连赛默飞世尔科技公司的销售量也只是我们的一个零头。"

需求为王　核心技术握手里

"关键是要懂得市场的真正需求。"谈到领航基因能够快速成长的秘诀，夏江认为了解市场才是根本。为此，团队也曾走过曲折的探索道路。

夏江说："创业之始我们的理念是先有产品然后给它寻找应用场景。"换句话说，有点类似于先"研究"出包10来种馅的饺子，然后再考虑分别在什么节日吃。但是将饺子投入市场后才发现，人们最爱吃的可能只有两三种馅，对于其他的种类只是尝尝鲜。

"我们需要从需求方的角度来看问题。"夏江说。比如在新冠病毒检测上，数字PCR也能够提供更为快速而准确的结果，单从研发的角度来看无疑是更好的升级换代产品，但从需求方的角度来看，目前广泛使用的荧光定量PCR技术完全能够满足检测的需要，采用新技术后需求提升的幅度并不是很大，最多是锦上添花，而不是根本性的改变，因此公司没有必要对其进行升级换代。这样的视角转换也让夏江及其团队的研发目标更加明确。

"我们的产品必须符合两大特点,一是在临床上是刚需,二是现有的检测手段不被满足。"为了把握住这两大核心要点,夏江的工作思路再次进行了转换,那就是从给客户提供优质的产品向提供完整的解决方案转变。"就像ChatGPT,这一技术其实很早就有了,而之所以会突然火起来,就是解决了一个痛点——应用场景。"而夏江及其团队所努力的方向,就是针对客户的应用场景,利用自主研发的产品,解决客户痛点。"所以我们的机器设计是与应用联动的,你买我的解决方案就要买我的机器,两者是不可拆分的。"通过这样的设计,一方面,领航基因避免了和同类跨国企业进行技术上的正面硬杠,实现了差异化发展;另一方面,也让客户获得了最佳的产品和服务体验。至今,领航基因的数字PCR产品和方案已经进入90%以上的全国知名医院,而且在先期的"出海"试水中,多个国家也对该产品表现出浓厚的兴趣。

良好的发展前景,给予了夏江和团队成员足够的信心,近2年来,领航基因累计融资2亿多元,企业发展走上了快车道。"再过六七个月,我们就可以做到完整的上下游产业链全线拉动。"夏江认为,到那时才是领航基因真正的开始,而此前的工作不过是铺垫。

人才为本 转变理念是关键

剑未出鞘,霜刃已现。10年的辛勤磨砺,最离不开的是人才的支撑。"大家都觉得人才很重要,但很多公司只是停留在口头上,而没有想过怎么落实到行动上。"为此，夏江在公司内部建立了人才培育机制，即公司首先会对人才能力进行评估分析，明确其短板之后便进行针对性的定期沟通，确定本年要补齐的短板，然后通过内训、外训等方式来提升，待到来年述职之时，再根据其提升的情况进行相应的升职加薪。通过这样的机制，人才得到了发展，团队的能力也获得了整体提升。

除了锻造队伍，还需要有创新的土壤，夏江认为创新需要转变理念。"不少创业者喜欢不停地跨界或者转换赛道，投资人也是希望3到4年就能回本，这就很难将产品做到极致。创业者更需要专注在自己的领域内，加上投资者对其提供的长年支持，这样才能将产品做到极致。"基于这样的认识，夏江带领团队稳扎稳打，实现了在数字PCR领域的引领。据仪器信息网统计，在2021—2023年国内数字PCR仪器市场上，领航基因市场份额仅落后于伯乐公司，位居第二，占比21.69%；在细分临床医疗市场上，领航基因表现尤为突出，占据了30%以上的市场份额，力拔头筹。

当然，成绩和付出是成正比的。夏江带领团队成员披肝沥胆的时候，也放弃了自己曾经十分热爱的摄影和潜水爱好，现在工作已变成了他的全部。当问及这样是否值得时，夏江说："我从来没有考虑过值不值的问题，从来没有对创业有过任何后悔的想法，也从来没有考虑过创业失败的问题，虽然很累，但我很享受现在的状态，也坚信我们一定能够成功。"

正是有着这样的乐观与自信，夏江带领着他的团队在数字PCR领域不断开拓，2023年5月30日，他们研发的全新一代小型数字PCR一体机

Pilot1200、数字 PCR 呼吸道感染解决方案及中枢神经系统感染解决方案亮相第二十届中国国际检验医学暨输血仪器试剂博览会（CACLP），使数字 PCR 技术在感染领域的精准诊疗一体化进程中又迈进了一步。

成功秘诀

如果给夏江画一幅肖像，那应该是"理工男+销售员"的结合体。生物化工专业出身的他懂得技术藏在哪里，懂市场营销的他知道技术该用在何处，两者的结合使他知道该如何把技术转化为市场需要的产品。这或许是他成功的最大秘诀。

如果我们再深究一下，大概可以总结为以下 4 点：

一是坚守信念。从创业开始便"咬定青山不放松"，立志在数字 PCR 领域开展自主创新，并针对该目标不断努力，经过多年磨砺，终于"守得云开见月明"。

二是创新为基。从模块化分析到产品制造，从技术研发到销售策略，无论哪个环节，夏江和他的团队成员都不落窠臼、努力创新，最终将核心技术掌握在自己手里。

三是需求为王。从客户需求出发，换位思考，解决客户痛点，并以此带动创新，做到有的放矢，将有限的资金投在"刀刃"上，实现了"弯道超车"。

> 四是以人为本。给人才以成长空间，给团队以发展目标，让各类人才的能力跟随公司的成长不断提升，推动公司不断迈上更高的台阶。

执笔人：葛晨

创新生物：开辟病原检测新赛道

企业档案

创始人：陈功祥

创办年份：2002年

2005年，填补国内甲型流感病毒抗原检测项目空白

2005年，填补国内肺结核快速检测项目空白

2011年，填补国内甲型/乙型流感病毒抗原检测项目空白

2014年，填补国内呼吸道合胞病毒抗原检测项目空白

2014年，填补国内腺病毒抗原检测项目空白

2014年，获国家高新技术企业证书

2016年，填补国内肺炎支原体抗原检测项目空白

2020年，完成COVID-19 IgG/IgM抗体检测试剂研发

2020年，完成COVID-19抗原检测试剂研发

"我们正好有生产厂，就自己设计了一套棋具和棋盘，量产后送给各省民政厅、盲人学校。浙江省的盲人学校在富阳，每到周末，我们一家都会去教盲人下围棋，坚持了2年多。"看到这段话，你一定不会将说这句话的陈功祥与生物医药产业联系起来，就像看到陈功祥走进创新生物检控技术有限公司（以下简称创新生物）高大上的企业展厅时，一定不会将他与农业联系起来。然而，世界就是这么有趣，一位农学专业毕业生兼围棋爱好者却阴差阳错进入生物医药的前沿领域，本可以靠化妆品轻松赚钱，却要在生物医药领域砸锅卖铁搞研发。如今，创新生物的产品已覆盖全国3000家以上终端，经北京协和医院、浙江大学医学院附属儿童医院、中国疾病预防控制中心权威推荐，近5年市场占有率保持前3、市场覆盖增速超30%。陈功祥以其20余年的创新创业经历，完美地诠释了什么叫"不想当厨子的裁缝绝不是好司机"这一网络热句。

没有送出去的推荐信

时间回溯到20世纪80年代，出国留学的热潮如火如荼。当时从浙江农业大学茶叶系毕业的陈功祥也考上了公派留学生，在日本京都大学的原子能反应中心做硕士研究，主要方向是原子能和平利用。这是核科学和农学相结合的新型交叉学科，也是推动农业现代化的标志性学科之一。到准备读博士的阶段，陈功祥得到了时任浙江农业大学校长、中国核农学奠基人之一的陈子元先生的推荐信。能够得到大咖推荐，陈功祥当时自然是十分出众的。然而，就在逐步向核农学的深处走去时，他却忽然转换了"赛道"。

"当时我还是想做基础科学的研究。"在兴趣的引领下，陈功祥默默收起了校长的推荐信，开始转向生物物理、生物化学的研究。京都大学博士毕业后，他又到美国读博士后，快满3年的时候便加入了宝洁公司。"这个时候我开始接触到医学，做基础医学研究和药品的开发。""赛道"的再次调整，让陈功祥打开了新世界的大门。在这个世界里，他奋斗了10余年。

常言道"十年磨一剑"。在宝洁公司，陈功祥不仅仅是自己在埋头"磨剑"，更重要的是感受到了跨国大公司的"磨剑"所带来的震撼。"我们团队几十个人，开发一种治疗骨质疏松的药。在我进公司之前，他们已经做了很多年。这是一个很小的部门，做了10多年最终也没成功。"虽然结果不尽如人意，但陈功祥从中看到的是在研发中创造的价值："我们的基础工作十分扎实，也做了很多开创性的工作，后来这些成果也以其他方式成为治疗骨头损伤的重要药物。"此外，陈功祥发现，宝洁公司研发产品时善于换位思考，十分注重顾客的使用体验感，这也是其产品长盛不衰的秘诀。

这段经历让陈功祥不仅磨砺出了"剑锋"，更不断磨砺着他的创业之心。"做了几年之后，我就想回国创业。"他坚信，自己所学最能发挥作用的地方就是祖国，实现人生价值的最好地方也是祖国。2002年，陈功祥以人才引进方式回到浙江大学，一边做教授并兼任浙江大学医学院附属第二医院临床检验中心主任，保持学者的学术敏锐；一边创业，将多年的研发积累发挥出最大价值。

于是，中美日三方合资的创新生物便诞生了。

走最艰难的创业路

创业伊始，公司面临着方向的选择，权衡之下，陈功祥选择了临床检验诊断领域。"20年前，我国的医疗发展水平与发达国家相比还有不小的差距，医疗环境亟待改善，而临床检验诊断事关国民健康，所以我想在这方面进行突破。"为此，陈功祥和他的团队确定了2个产品，一是肺结核的快速检测；二是呼吸道病原体的快速检测以及分型，就是众所周知的甲流/乙流的快速检测等。一些同事也曾对产品选择产生过疑问，认为肺结核虽然有市场但是发病范围小；流感不过就是感冒，不太需要检测，所以注定是个亏钱的买卖。

事实上，在最初的10年，创新生物也正如那些同事所料，一直处在艰难生存的边缘，每年的营收维持在一两千万元。"包括我的日方合伙人都失去了信心。"陈功祥说，日方本想借着参与投资进入中国庞大的市场，现在看到市场啃不下来，便对公司创业方向产生了怀疑。是听从合伙人建议换赛道还是坚持下去？这对陈功祥来说是极大的考验。经过审慎考虑之后，他还是"咬定青山不放松"，决定将日方合伙人的股份全部买下来。为此，他将自己的房子、保险都投入进来，而且还东拼西凑从亲朋好友那里借来1000多万元。"虽然压力很大，大家也对公司前途表示怀疑，但我的信心从未动摇过。"2009年，历经股权之变的创新生物度过了创业危险期，存活了下来。

当然，信心不能代替真金白银，要实现目标就必须在研发上不断投入，而此刻背负债务的陈功祥已是捉襟见肘。车到山前，如何寻路？浙商的创业基因在他的体内被激活，为了公司的生存，他放下身段，在家乡创办了看起来不那么高科技的医疗耗材企业——绍兴创达医疗器械有限公司（以下简称绍兴创达），以此来支撑高科技的研发。这也并非病急乱投医。"当时我们给日本企业做流感试剂，需要采购、使用外面公司的塑料容器。但有一次试剂运到日本时容器漏了，对方向我们索赔，我们向塑料容器公司索赔，结果厂方只愿赔几万块的容器费，但试剂费用要上百万元。"痛心的经历让陈功祥决定自己做容器，一来可以自己把控质量，二来检测领域里有许多试剂盒、实验器皿等也都使用塑料，销售塑料可快速助力企业"回血"。就这样，通过以短养长、长短结合的方式，创新生物度过了最为艰难的时日。在他的带领下，创新生物开发出了甲流、乙流、呼吸道合胞病毒、呼吸道腺病毒、肺炎支原体抗原快速检测产品，成为全国首家取得该产品注册批文的公司。

公司也于2019年被认定为杭州市级研发中心，2022年被评为省级高新技术企业研究开发中心，并通过国际国内多重质量管理体系认证。

开发最优质的产品

"我们是十分注重科研投入的。"从公司成立之初到现在，陈功祥一直分管技术研发部，在大力投入研发费用的同时，更是以数千万元的投入集聚微生物学、医学免疫学、分子生物学等多个前沿学科人才组成研发团队，并与美国、日本、欧洲国家的世界一流生物诊断试剂公司进行多方位、多视角、多专业、多层次的深度交流、技术合作、研发与创新。

陈功祥和他的团队对产品的细节把握一丝不苟，如检测中最重要的试剂条，他们不惜工本坚持将之做到5毫米的宽度，这样不仅灵敏度高、检测速度快、特异性高，而且患者使用体验感好。这也成为公司最重要的竞争优势之一，为产品订单保持稳定增长奠定了基础。

与此同时，创新生物不断开疆拓土。在检测方面，公司从呼吸道病原体检测向胃肠道疾病检测延伸，至今已拥有20多个医疗器械注册证书，其中一、二类证书10余个，三类证书7个。公司取得和正在申报超过30项实用新型专利、5项发明专利，并参与完成了多项省级科研项目，获得省、市、开发区科技部门的奖励。

在技术方面，创新生物依托免疫诊断技术平台、分子诊断技术平台、微生物快速培养鉴定技术平台及精密高分子材料工程技术平台，为产品的连续高效开发奠定了基础。与此同时，创新生物与子公司绍兴创达、绍兴盈创医疗科技有限公司组成"铁三角"，产品涵盖临床诊断相关试剂、仪器与耗材等多个领域，致力于打造"试剂、仪器、耗材"多元化的检测平台，成为国内医学诊断领域的领航者，为临床医学检验提供更完善、更便捷、更精准的整体解决方案。

技术的厚积迎来的是关键时刻业绩的喷薄而出。2020年，新冠疫情袭来，创新生物与国内外研发机构进行积极合作，在极短的时间内完成了新冠IgG/IgM抗体检测试剂、新冠抗原检测试剂、新冠中和抗体检测试剂以及与新冠检测相关的样本采集系列产品的研发工作，为50多个国家与地区及时提供了抗疫检测产品。公司研发生产的甲型/乙型流感病毒、呼吸道合胞病毒、腺病毒和肺炎支原体抗原检测等4个产品、5种呼吸道病原体检测，作为必要的新冠病毒鉴别诊断，全部被国家卫生健康委员会等权威机构纳入新冠诊疗产品。创新生物也是杭州市第一批复工复产的企业，并向杭州市捐赠了价值近500万元的新冠抗原检测试剂盒，最大限度为抗疫贡献力量。"目前我们还做出了多联检产品，通过一个试剂盒就可以把新冠、甲流、乙流等具有类似症状的疾病检测分辨出来。"陈功祥介绍说，这样的产品还可以进行更为细致的分型，并向胃肠病等其他疾病领域拓展，能为患者治疗和医生诊断提供快速有效的依据。

不断投入，不断思考，让创新生物在创新之路上不断前进，不断结果。

颇不寻常的爱好

对于企业家而言，能将业余爱好做到十分出众的并不多见，但陈功祥是个例外。他十分热爱围棋运动，与妻子也因棋结缘。他不仅热衷于对弈，而且是绍兴市上虞区围棋协会会长、绍兴市围棋协会副会长、浙江省围棋协会常务理事。2016年，他推动上虞成功申报了"中国围棋之乡"，协助举办了"2018中国绍兴（上虞）国际围棋大师赛""2019中国绍兴（上虞）国际围棋精英赛"等一系列影响深远的赛事，还积极开发出盲人围棋棋具，着力推动"围棋公益"。

"我觉得下围棋和经营公司颇有相通之处，"在浓厚的兴趣背后，陈功祥有着自己的理性认知："围棋讲求布局，有'金角银边草肚皮'之说，就是需要先把自己做扎实，做活了，然后才能去抢地盘。抢还要抢先机，而且不能在乎一目两目的得失。这就像经营公司，不管用什么方法，先要争取活下来，然后通过科技创新去把握先机，进而抢占市场，获得更大收益。"

在这样"战术"的长久熏陶下，陈功祥对于企业未来的产品布局也有着清晰的计划："2020年中国体外诊断产品（IVD）行业规模已达千亿人民币，未来增速在15%～20%，远超全球平均水平。其中最受瞩目的就是即时检验（POCT）。目前国内POCT产品核心原料如高分子材料、抗体仍然依赖进口，技术在灵敏度、通量等方面与国外企业还有一定差距。"为此，创新生物将利用自主研发四大技术平台，打通酶、蛋白、抗体、试剂的技术开发路径，解决核心原料如高分子材料、抗体进口等"卡脖子"难题，打破医疗器械高端市场被跨国企业垄断、关键核心技术受制于人的局面，成为国内少数能同时覆盖全产业链、兼备核心技术自主研发能力和规模化生产能力的IVD全产业链集团公司。陈功祥坚信，随着大众对POCT认知的不断深入，行业的发展将会越来越进入佳境。

正如对弈时需要步步为营，对于企业的经营，陈功祥也有着自己的经验："我认为企业首先要做得长，做得长才能走得远，走得远才能做得大。要走得远不能只靠一时的服务，需要扎实的基础投入。"20多年来，正是依靠不断的基础投入、技术积累，陈功祥和他的创新生物开辟了病原快速检测新赛道，并引领着行业不断向前迈进。

成功秘诀

陈功祥的求学与创业经历颇显传奇，但拨云见日，其成功背后的要素却是适用于大多数人的：

一是兴趣引导。正是遵从自身的兴趣，陈功祥从农业研究转向生物物理、生物化学研究，长久浸淫在该领域的研究探索不仅让他获得成果，而且在后来创业最艰难的时刻依然能够咬牙坚持，最终实现了突破。

二是个人选择。正是对祖国、对浙江创新创业环境的深刻认知，遇到机会时，陈功祥果断地放弃了国外生活，毅然决然地回国创业，并坚信能在这里发挥出自己最大的人生价值。

三是信念笃定。无论是遭遇企业亏损，还是遭到众人质疑的时候，陈功祥都没有怀疑自己的选择，而是想方设法创造条件为实现自己的目标努力不懈，最终"守得云开见月明"。

执笔人：葛晨

绿康医养：全国老年康复护理和医养结合的引领者

企业档案

创始人：卓永岳

创办年份：2006 年

2008年，绿康医养被中国老龄事业发展基金会评为"全国爱心护理工程示范基地"

2009年，被全国老龄工作委员会评为"全国养老服务放心机构十佳单位"

2011年，在国内养老服务业率先创办了"护理员节"

2017年，被民政部授予浙江省首家和唯一一家标准化示范单位，创立绿康时间银行公益服务平台

2019年，获得质量管理体系、环境管理体系、职业健康安全管理体系"三体系"的认证证书

"老有所养、老有所乐、老有所医，在这里看来都能够体现出来……"2008年10月31日，中共中央政治局常委、国家副主席习近平亲临绿康医养集团（以下简称绿康医养）视察，高度评价了"疗养加医疗"的养老服务模式。

2006年，在众多民营养老机构还在"低、小、散、乱、差"的窠臼中挣扎徘徊之际，绿康医养创始人卓永岳在全国率先提出"养老产业的出路在于医养融合"的理念，并付诸行动。

"帮天下儿女尽孝，替世上父母解难，为党和政府分忧。"18年来，绿康医养为成千上万的社会"三无"、空巢、慢性病、失能失智等"刚需"老年人提供基本医疗、病后康复、慢病护理、高龄照护和临终关怀（安宁疗护）等全方位服务。

在不断地探索实践中，绿康医养创新发展出了"公建民营、医养结合、康复养老助残"的办院模式，成功开创"医养护一体化"的"绿康模式"，并逐渐成为全国老年康复护理专家和医养服务行业的引领者。

目前，绿康医养在浙江、江苏、广东等5省15个城市拥有21家康复护理医疗机构、17家养老服务机构、23个小微机构/残疾人托养中心，可提供服务总床位13000多张，其中，养护服务总床位8000多张，开放医疗康复住院床位4000多张。

50 张床位起步

众所周知，医院由于不可避免地要强调经济效益和病床周转率，很不欢迎长期"压床"的康复病人。患者在手术几天后便被"赶"出院的事时有发生，特别是一些知名度较高的三甲医院，"看病难""住院难"的供需矛盾尤为突出。同时，随着老龄化的加剧，越来越多的老年人也亟须医疗照护。

"能不能有一个中间机构呢？"长期在基层医院工作、有着 20 年临床经验的卓永岳对医疗服务短缺的问题深有感触，也让他意识到这是新的产业机遇。

2006 年，一次偶然的机会，卓永岳"邂逅"了杭州市江干区丁桥镇（现上城区丁兰街道）敬老院。

当时的丁桥镇敬老院是镇政府出资建设的社会福利机构，共有 25 张床位，收住照料了 12 位"三无"老人。但是，由于专业医护人员和管理经验的缺乏，敬老院成了镇里一个不大不小的负担。

正在寻找康复养老机构落地机会的卓永岳，在得知情况后立马跑到镇政府商谈合作事宜。双方一拍即合。2006 年 8 月，绿康第一个"公建民营"的养老服务机构——丁桥镇皋亭山养老院正式开业。12 月，拥有 25 张床位的杭州绿康老年康复医院也开业了。

医院和养老院在同一个大院内，拥有内科、外科、中医、心电图、B

超、化验等常规科室，为老人提供日常照料的同时也提供医疗康复服务。这就是绿康模式的 1.0 版本——"养老院—医院"院中院型（嵌入型）。

很快，50 张床位就满了。其间还有一个问题，那就是养老人员的医保问题。经过卓永岳的不懈努力，最终相关部门决定将绿康老年康复医院纳入医保管理，这也是浙江省乃至全国首家具有医保资质的民营养老康复机构。

随后，绿康将皋亭山的经验快速复制到省内外其他项目上。粗略估算一下，截至 2023 年，绿康的床位数实现了 260 倍的增长。不断发展的同时，绿康"医养护一体化"模式也在不断迭代创新。继 1.0 版本后，绿康先后推出了 2.0 版本的家园模式，以及 3.0 版本的机构—社区—居家融合未来社区发展模式。

卓永岳表示，公建民营是一种轻资产模式，既避免了纯市场化的养老服务机构受制于资金实力等难以做大的问题，也可以克服公办养老机构机制不活、与市场脱钩等缺陷，"公"与"民"实现了无缝对接，是一种更有效惠及民生的模式。

首创"护理员节"

在养老服务体系建设中，护理人员的缺乏和业务素质不高是最大的短板。对此，卓永岳很早就意识到了并决定打造"专业化、年轻化、职业化"的团队。

"护理人员是我们的主力军,但这个岗位也常被人戴着有色眼镜来看待,被认为是低人一等的职业。"为此,卓永岳在全国养老服务行业率先倡导并提出:提升养老事业,关爱老年人,首先从尊重护理员开始。

2011年,绿康首创"5·29护理员节","5"代表5月,因护理员与护士同属护理范畴,因此选择了与5·12国际护士节相同的月份。"29"代表九九重阳节,同时"5-2-9"谐音为"我-爱-九",意为我爱老人、爱长者。

此后每年绿康都举行系列主题活动,包括职业技能比赛、优秀护理员表彰、与老人及家属进行互动等。多次被评为"优秀护理员"的刘霞表示:"每年的'护理员节',我们都很期待,在绿康只有岗位分工不同,没有高低贵贱之分。"

2018年,"5·29护理员节"升格为杭州江干区的"护理员节"。近年,更有湖南长沙、江苏无锡、山东青岛和德州、浙江海宁等地的民政部门或者养老服务业同行前来借鉴,后也在当地举办了相关"护理员节"活动。

与此同时,绿康非常重视护理员队伍的人才培养,于2012年成立了介护职业培训学校。

截至目前,通过校企合作等途径,绿康进行了近千人次的护理培训。现代学徒制的培训模式,让学员在经过初级、中级、高级等不同层次的专业培训之后,不仅基本满足了绿康自身的需求,也为养老行业输送了不少人才。

值得一提的是,绿康医养是浙江省首家养老护理员自主评估机构。经过绿康医养自主评价考核合格的护理员,可以获得由浙江省职业技能鉴定中心核发的相应等级的国家职业资格证书。

倡导孝善文化

绿康的第一个项目落地点是在皋亭山下,这是古代二十四孝之一的丁兰刻木事亲的故事发源地。

如果说医养护一体是从"术"的层面解决中国养老服务的痛点、难点,那么绿康所倡导的"传承'孝、善、仁、和'文化,缔造老年品质生活"则是从"道"的层面去升华养老服务行业。

很多到养老机构养老的老年人都有一种被抛弃的想法。曾经有一个天天趴在正对着养老院大门的窗口往外看的老人让卓永岳记忆非常深刻。经了解,这位老人的子女都在外地上班,无法像同房的老人子女一样,每个周末、节假日都来看望。

"那种深深的孤独又充满期盼的眼神,让我心里非常难受。"如何消除老年人的孤独感,成了卓永岳思考的又一个问题。

2017年6月,卓永岳发起成立了绿康时间银行公益服务平台(现更名为"善行时光助老公益服务中心")。其基本做法是:志愿者为高龄、独居或者特别需要老人提供志愿服务,并将志愿服务的时间进行储蓄,待到自己年老需要帮助的时候，可以支取时间兑换相应服务。这是一种新型养老互助模式。目前，该平台上共有7万多名注册志愿者，每天都在讲述着"老吾老以及人之老"的故事。

"现在，我们可以实现异地'存兑'了，比如在杭州工作的南昌小伙子，可以通过周末到绿康养老机构做公益，储存时间积分给到远在南昌的父母，让他们在绿康的养老机构使用，"卓永岳说，"但目前仅限于绿康生态，未来这一做法将继续延伸，与其他平台打通。"

"陪伴是最长情的告白"，这是近几年绿康在杭州滨江阳光家园推出的一个活动——让年轻人以远低于房屋租赁市场价的300元租金住进养老院，作为志愿者陪伴老人。"白天志愿者去上班，晚上或周末在养老机构提供一些力所能及的志愿服务，陪老人玩手机、唱歌、画画等都可以。"

这也是绿康"类家庭"养老服务的创新，即在绿康医养照护的基础上，由非血缘亲情关系的护理员、社工、志愿者等和长者组建"家庭"，在模拟家庭环境中，向长者提供子女式照顾、家庭般呵护的新型养老照护模式。

"养老事业需要全社会的参与，"卓永岳说，"绿康是社会企业，未来将继续秉持'刚需、普惠、公益'的理念，致力于为'刚需'老年人增强幸福感和获得感。"

成功秘诀

其一,心怀大爱,竭诚服务。医者仁心,卓永岳是有情怀、有大爱的人。他认为"人人都会老,照顾好老人是社会文明进步的重要表现"。这种人间大爱,是他克服各种困难,做好做大医养产业的精神动力。

其二,敏于发现,勇于实践,做"第一个吃螃蟹的人"。卓永岳凭借丰富的医学领域的经验积累,敏锐地发现了医疗服务短缺的市场机会,并抓住了"医养结合"这个机会。敢为人先的开拓精神和敢于突破的创新思维,让绿康医养成为国内最具规模及影响力的"医养结合"的养老服务品牌。

其三,创新体制,公办民营。公立敬老院通常经营不善,民办敬老院往往投资过大。卓永岳采取的公办民营体制,实现了两者优势的完美结合,走出了一条新的路子。

执笔人:壹新文化施娜、叶子

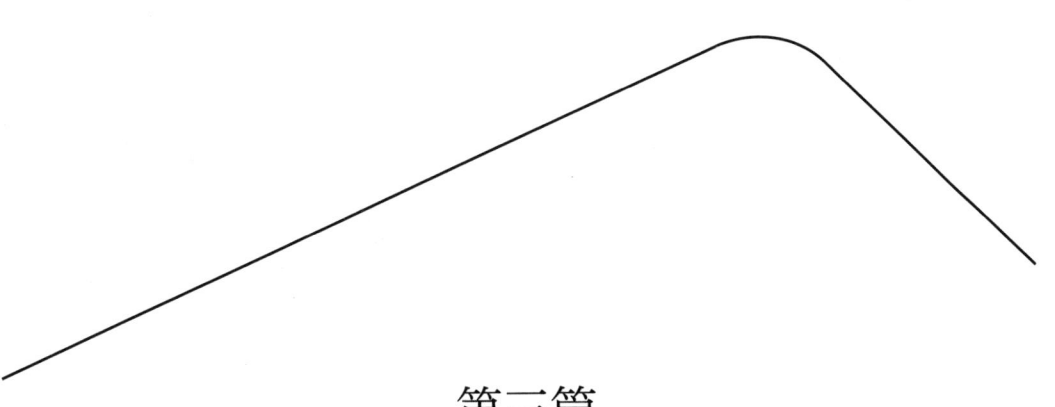

第三篇

新材料：产业跃升之基

华友钴业：全产业链布局造就全球钴业领军企业

企业档案

创始人：陈雪华

创办年份：2002年

2003年，远赴非洲，掌握上游核心矿产资源

2007年10月，刚果（金）刚果东方国际矿业简易股份有限公司（CDM）第一期项目建成投产

2012年6月，衢州华友年产一万吨钴新材料项目开工建设

2015年1月，正式登陆上海证券交易所

2020年4月，被认定为创新型领军企业

2021年11月，印尼华越项目首批产品成功下线，华友钴业总市值突破1800亿元

创新崛起——风起云涌的浙商第一方阵

2022年，华友（印尼）华飞镍钴项目开工建设

2023年，位列中国企业500强第363位

从寂寂无名到成为中国企业500强第363位的跨国企业，华友钴业股份有限公司（以下简称华友钴业）起步桐乡、落子西南、勇闯非洲、布局海外，从农村到城市、从国内到国外，从单个企业到产业集团，形成从资源、新材料、新能源到循环回收的一体化产业结构，构建了海外资源、国内制造、全球市场的经营格局，成为全球钴行业的龙头企业和新能源锂电材料的领军企业。

如今华友钴业总资产从创立之初的约900万元增加到2023年末的1255.20亿元；营业收入从0.24亿元增加到2023年末的663.04亿元；员工人数从100多人增长到近3万人。公司市值从上市之初的不到30亿元，到2022年一度突破千亿大关。尽管当前市场环境复杂多变，对华友钴业的市场表现产生了一定影响，导致其市值有所回调，但这并未动摇华友钴业稳健的发展态势。

"民企本身就是闯出来的，不闯没天地"

陈雪华跟很多"草根"企业家一样，早年与苦难相伴。因为贫困，勉强初中毕业的他被迫放弃学业，一门心思赚钱补贴家用。在种豆芽这一看似简单但坚持下来并不容易的小生意上，陈雪华有了收获，几年后

成了当地有名的"豆芽大王"。这一经历也让他明白了一个道理——"要么不做，要么就做最好的。"

1981年，19岁的陈雪华进入村办厂永丰化工厂，从化验员做起，到采购员、销售员等，一步步干到了经营副厂长。1993年，永丰化工厂关停，陈雪华成了下岗工人，但这也成了他人生的重大转折点。陈雪华拿出多年积攒的钱与人合伙创办了桐乡华兴化工实业有限公司，正式开启了创业之旅。

创业初期，他继续走永丰化工厂的老路子，生产氧化镍，仅用6年时间，就将氧化镍的销量做到了全国第一，产品还出口至美国。

2000年前后，随着戴尔、索尼等国际巨头开始尝试锂电池商用测试，陈雪华敏锐地发现变革的时代即将到来，迅速调整了公司发展方向，转向生产锂电池的核心材料——钴。2002年，陈雪华正式成立华友钴镍材料有限公司，也就是如今华友钴业的前身。

随着公司的发展，陈雪华很快发现，中国是个贫"钴"国，90%的钴依赖进口，钴的全球主产区在非洲。2003年，虽然当时资金实力有限，非洲局势也并不稳定，但陈雪华认为"民企本身就是闯出来的，不闯没天地"，力排众议，决定到非洲开疆辟土。

从考察到布局，几经波折，终于在2006年，陈雪华正式在非洲大地上进行钴原料的开采和加工。2008年，陈雪华耗资3亿元收购刚果（金）MIKAS公司等矿山公司，获得了稳定的钴材料。如今，非洲区管理总部业已实现矿冶一体化经营，控制源头资源成为华友钴业最核心的竞争力之一。

"两新三化"战略转型　实现全产业链布局

掌握了成本优势后，陈雪华迅速布局形成包括上游矿山资源、中游金属冶炼、下游新能源材料的一体化的产业链，钴产品销量牢牢占据国内首位、全球领先地位。2015年1月，华友钴业正式登陆A股市场。同年开启"两新三化"的战略转型。

"两新"指新能源锂电材料和钴新材料，在原有3C锂电池领域应用的基础上，进入汽车动力电池、储能电池等能源领域；"三化"是指产品高端化、产业一体化和经营国际化。其中既有陈雪华对华友钴业产业定位的战略考虑，更有把公司打造成为世界级龙头企业的系统思考。

"2016年，我们为自己设立了一个愿景，要成为全球锂电新能源材料的领导者。而要实现这样一个目标，除了有成本领先的优势，还需要具备产品领先的条件。而要实现产品领先，就势必要在技术研发上达到国际领先的水平。"

近年来，华友钴业每年投入不低于10亿元用于各类技术研发，布局了一大批企业研发机构，从事锂电正极材料前驱体、多元正极材料新产品开发和先进制造技术的研究，以及镍钴锂矿产资源采选冶的创新工艺和绿色制造技术的研究，建立了可参与国际竞争的电池正极材料和前驱体开发、评估及应用科研平台，集聚了一批高端人才。

目前，华友钴业部分三元前驱体产品通过POSCO-LGC电池产业链，应用于大众模块化电驱动矩阵（MEB平台）、雷诺–日产联盟、沃尔沃、福特等全球知名车企和机构；多元高镍超高镍、中镍单晶高电压系列正极新产品已分别进入LG新能源、宁德时代（CATL）、亿纬锂能（EVE）、孚能等全球新能源巨头企业及汽车产业链体系。2022年3月，华友钴业还与大众汽车（中国）和青山控股集团，就动力电池正极材料产业链上下游合作达成战略合作意向，共同打造具有国际竞争力的新能源锂电材料一体化制造平台。

华友钴业的每一次快速发展都离不开陈雪华极具前瞻性的战略布局。2017年他又一次布局锂电池循环回收，为华友钴业画上了产业链闭环的最后一笔，积极承担起一家千亿级企业的社会责任。

2022年5月，宝马集团宣布与华友钴业子公司华友循环科技有限公司携手在新能源汽车领域，打造动力电池材料闭环回收与梯次利用的创新合作模式。10月，子公司华金新能源材料（衢州）有限公司顺利通过UL2799废弃物零填埋铂金级认证，成为中国首家获得废弃物零填埋最高等级认证的电池正极材料镍钴锰三元前驱体工厂。

至此，华友钴业完成了总部在桐乡、资源保障在海外、制造基地在中国、市场在全球的空间布局，形成了资源、有色、新能源三大业务一体化协同发展的产业格局。三大业务在华友钴业内部构成了纵向一体化的产业链条，形成了从钴镍资源开发、绿色冶炼加工、三元前驱体和正极材料制造，到资源循环回收利用的新能源锂电产业生态。

以人为本　用最好状态应对最大的挑战

2002年，华友钴业创立之初的122位员工中，拥有本科学历的仅1人，大专学历的5人；2008年，公司员工数量翻了7倍，达到899人，其中博士3人、硕士12人、本科128人；2015年，华友钴业上市，这一年公司员工数量达到3202人；截至2023年底，公司员工数量近3万人，其中博士78人、硕士1293人、本科6806人。

"华友钴业能有今天的发展局面，最重要的是离不开全体员工的共同努力，这是华友钴业最核心最宝贵的资源。"自创立以来，陈雪华始终坚持打造为员工实现成长、创业创收的"双创"平台，始终坚持"以人为本"。2021年企业开始实行股权激励机制。2022年6月，华友钴业启动了全球精英招募计划，公司在全球范围内招募领军人才和行业精英，力争在全产业链实现精英全覆盖。

陈雪华认为，无论外部环境如何变化，练好内功才是根本。技术要走到别人前面、成本要比别人便宜，这是制造业企业安身立命的根本，但企业发展的核心永远是人，要想把产业做到领先，人才计划一定是第一计划。

虽然近年来，受到全球经济大环境、国际钴金属价格波动，以及在全球范围内大规模投资等多方面的影响，华友钴业增长的步伐逐步放缓，但陈雪华认为，这一系列的挑战对于他这个创业老兵而言已是常态，"只要数一数二，不要老三老四，以最好的状态应对最大的挑战"。

成功秘诀

> 纵观华友钴业的发展史，其成功背后既有陈雪华坚持的韧性基因，更有他对行业大势的精准判断。
>
> 在逆境中长能力，在顺境中长实力。坚持信念、坚持主业、坚持开放、坚持创新是陈雪华创业 20 余年的心得，没有永远成功的企业，只有与时俱进的企业。

执笔人：陈梓霖

科百特：全球膜过"滤"科技领军企业

企业档案

创始人：张应民

创办年份：2003年

2004年，EPP、APS、LPF系列滤芯开发完成，进入中国台湾地区电子市场

2006年，PFSA2、RMF、HF150系列滤芯开发成功

2010年，成为国家高新技术企业

2014年，聚集分离类产品开发成功

2016年，自主研发生产金属滤芯

2021年，获评工信部制造业单项冠军示范企业

2023年，获评浙江省科技领军企业

创新膜过滤技术，攻坚"卡脖子"难题，填补国内行业空白……从2003年成立至今，科百特过滤器材有限公司（以下简称科百特）在膜过滤领域奋斗了21个春秋，并逐步成长为全球领先的创新型膜过滤企业，获得制造业单项冠军示范企业称号。

2023年，科百特实现总产值31.61亿元，同比增长16%。作为全产业链研发生产制造优秀企业，科百特领跑膜产业发展。截至目前，企业已经成功研发出包括折叠滤芯、囊式过滤器、超滤膜堆、中空纤维、聚醚砜（PES）非对称开孔结构滤膜等在内的逾2万款产品，并已被广泛应用于各个领域，形成市场竞争优势。在国际市场上，科百特的产品远销日本、韩国、欧美及东南亚等100多个国家和地区。

"我们将坚定不移地走技术研发创新之路，心无旁骛做好主业，把膜产业技术做到极致。"科百特创始人张应民说，科百特将助力解决多项行业难题，为建设"三大高地"贡献硬核"膜"力量。

为医药企业解决"卡脖子"技术问题

沿着时代高架南下，进入杭州市萧山区河上镇地界，只见一块大大的广告牌上写着"膜材料小镇"。驶下高架，新材料产业园、河上工业功能区和配套生活区等依次呈现，各具特色的工业集聚点，勾勒出产业兴盛版图中的新天际线。

在几乎是"一镇一强企"的萧山，科百特无疑是新一代企业中的佼佼者。2023年，科百特实现总产值超30亿元，亩均税收超百万元……

走进科百特，只见流水线正满负荷运转。科百特是杭州地区唯一一家入选国务院疫苗工作协调组公布的"国家重点疫苗及相关物料生产企业"名单的企业，每天可以生产各类过滤器5000只，这些过滤器将发往全国，为北京科兴、北京中生、天津康希诺等重点疫苗企业提供辅材，每天支持约1000万剂疫苗的生产。

在生物制药领域，科百特已有多款产品的性能可以满足替代进口需求，系列产品销量稳居国内前列，生产包括澄清过滤、超滤、除菌过滤、除病毒过滤等产品，以及一次性储液袋和搅拌袋等。早在2018年，科百特就开始疫苗澄清过滤器的相关研发，2021年正式投产。科百特生命科学事业部副总裁解红艳说，目前上市使用的新冠疫苗有4条技术路线，这4条技术路线都使用了科百特的产品。

除病毒过滤是重组新冠疫苗工艺非常关键的步骤，除病毒过滤膜／滤器技术之前完全被国际公司垄断。科百特通过300多次的实验摸索，无数次的膜过滤工艺的优化，并经大量客户端的测试和实验数据的反馈，最终筛选出了一款对蛋白质透过率大于99%、对细小病毒的截留率（LRV）大于4的除病毒过滤膜。科百特突破海外公司的技术垄断，推出了拥有自主知识产权的Viruclear®除病毒过滤新产品，完成重组新冠疫苗全线国产化的"最后一公里"。至此，科百特完成了从除菌过滤、超滤到除病毒的膜过滤全产业链的解决方案，实现了生物医药领域的布局。

在此之前，中国医药产业长期依赖国外进口膜分离耗材。2020 年，受全球疫情影响，相关医药耗材供不应求，当时急需的体外膜肺氧合（ECMO）材料仅有美国一家公司供应，中国医疗系统陷入采购难题。科百特加快研发进程，于 2021 年投产 ECMO 的中试线，成为全球第二家能够批量生产 ECMO 膜丝的企业。

"作为制造业的单项冠军，我们身上还承担着让国产替代进口、帮助医药企业解决'卡脖子'难题的使命。"解红艳介绍。为加快一次性产品的产能，保障疫苗供应，科百特增加了 11 条生产线和一线操作工人 330 人，员工轮流倒班，设备 24 小时不停机。

让半导体过滤领域不再"受制于人"

什么是膜过滤？它是一种精密分离技术，可以实现分子级过滤，主要难度就在于对过滤精度的精确控制。

"你可以把它想象成一个筛子，要把不必要的杂质过滤掉，基本上各行各业都需要。"科百特首席技术官（CTO）贾建东介绍，在半导体芯片组件领域，最先进的芯片的线路宽度已经细到 7 纳米、5 纳米，这就意味着要过滤掉更小的杂质，过滤膜的精度甚至要达到 1 纳米。

换句话说，孔径达到微纳米级别的过滤膜，所发挥的作用举足轻重，是现代生活和生产里必不可少的一环。尤其作为核心材料之一的高性能过滤膜，在微电子、生物医药等高新技术领域使用中长期依赖进口，一度成为限制我国产业发展的关键卡点。

过去因为技术难度太大，类似膜片大多依靠国外进口。而科百特的手机透声膜和透气膜产品，用于具有防水功能的手机，既能防水防尘，又能透气透声。

"难就难在膜片防水性要达到一定等级的同时，各种音频透过膜片的能量损失要极小。"贾建东说，"每一种膜订单量都有上千万甚至上亿片，企业要做到每个膜片的性能一致，同时具备研发、制造能力，全球只有少数企业可以做到，我们就是其中之一。"

5G基站包括许多电子元器件，每一个元器件都需要用到防水透气膜。5G基站经受日晒雨淋，一张膜片的使用寿命要求达到10年以上，因此对产品性能的要求更加严格。正因为具备自主研发的硬实力，科百特成为国内众多品牌手机透声膜、透气膜和5G基站的供应商，实现了50%以上的增量。

在半导体领域，针对不同点位的金属杂质去除需求，在具备研发生产不同材质、不同精度的多孔材料技术的同时，科百特积极发展高分子材料表面改性技术，通过对多孔材料技术和表面改性技术的融合，定制化地开发适用于不同应用场景的金属杂质去除产品。

以纳米孔径的聚四氟乙烯（PTFE）膜滤芯为例，科百特不仅填补了国内高端纳米级PTFE膜滤芯的制造空白，更是国内首先将PTFE膜的孔径降低至5纳米级别的企业，技术水平达到国际同类产品水平。同时针对越来越高的微污染控制要求，企业从材料入手，还独立开发了聚偏氟乙烯（PVDF）、PES、尼龙（Nylon）、超高分子量聚乙烯（UPE）、金属和陶瓷等材质的滤膜，产品满足了集成电路制造中包括Wet、Litho、Etch和CMP在内的几百个过滤、纯化和分离点位的需求，为国内外集成电路客户解决了制程中的过滤问题，提高了产品良率。

如今科百特的系列产品，覆盖了集成电路制造的各个制程工艺，同时，也着眼于集成电路制造上下游的需求，开发了脱气膜、化学品用超纯桶和超纯PVDF管道等产品，打破了国外关键技术及核心产品的垄断。

110万元——萧山的"亩均税收英雄"

作为国家制造业单项冠军示范企业，萧山制造业的一颗新星，2021年，科百特亩均税收达到110万元。作为一家大学生创业企业，科百特的制胜秘诀是什么？

让科百特在市场中站稳脚跟的是研发实力。微生物实验室、过滤性能实验室、电镜室、完整性测试实验室……在科百特，可以见到大大小小近百个实验室。近年来，科百特每年的科研投入占营收比重8%以上。截至2024年3月，科百特申请专利600余项，其中授权发明专利近百件，主持以及参与修订的国家标准3项、行业标准6项、团体标准16项。企业研发团队700多人，拥有20多位顶尖海外技术专家。

此外，科百特还拥有中国合格评定国家认可委员会（CNAS）认定的验证服务中心、浙江省重点企业研究院、浙江省企业技术中心等创新平台。

截至目前，科百特已经成功研发出近 2 万款产品，包括 PES 非对称开孔结构滤膜、PVDF 滤膜、膨体聚四氟乙烯（ePTFE）滤膜、超细纳米纤维膜、基因诊断载体滤膜、防水透声膜、14 纳米集成电路制造用纳米膜和过滤器、ECMO 用 PMP 中空纤维膜等高技术门槛的膜材料。

科百特从一个 7 人创业团队成长为世界先进的创新型过滤企业，为全球 106 个国家和地区超 2.8 万家客户提供服务，为浙江省新材料产业发展和"315"科技创新体系建设增添了活力，同时也在用创新实力向全世界诠释着"中国力量"。

科百特计划不断提升海外营收的占比，让更多创新成果惠及世界。未来 10 年，科百特希望，通过不断在全球市场寻求优质的标的以及海外并购，推动海外业务的快速发展，和上下游产业链的伙伴们一起合作，做精产品，做大市场，以技术推动产业进步，让技术惠及美好生活。

成功秘诀

创新要敢闯技术"无人区"。做金字塔尖上的企业，就要有一股韧劲，要沉得下心，敢于突破别人不敢突破的技术高地。创新是"从 0 到 1"的突破，国外有但是国内没人能做的，我们要去突破；而国外没人做的，我们同样要勇于尝试和突破，蹚一蹚技术

"无人区"。

科研必须重基础、肯投入。只有踏踏实实搞好技术创新开发,才能把核心技术牢牢抓在手中,掌握产业健康发展的主动权。当然,技术创新,需要具备足够的耐心,能持续不懈地投入,包括资源、资金、精力以及人才。科百特从创立那天起,就在技术投入上从不吝惜,甚至不计成本。

执笔人:阴文亮

阿斯克建材：保温材料行业的领航者

企业档案

创始人：裘茂法

创办年份：1984年

1989年，起草硅酸钙国家标准

1997年，行业内率先通过ISO9001质量体系认证，并获"国家免检产品"称号

2007年，成为中国绝热隔音材料行业标志性企业

2005年，获得ARAMCO证书，成为沙特阿美石油公司保温产品供应商

2015年，成功在新三板挂牌上市

2017年，获得KNPC证书，成为科威特国家石油公司保温产品供应商

2020年，成功入选工信部专精特新"小巨人"企业名单

成立于1984年的嵊州保温材料厂，经过40年的持续创新，已发展成为全球保温绝热材料的领军企业浙江阿斯克建材科技股份有限公司（以下简称阿斯克）。

企业自主研发的超轻质硅酸钙和全憎水硅酸钙系列新产品，填补了国内行业空白，首创了"硬质可拆式预制成型件""气凝胶+硅酸钙"复合保温结构。企业现拥有核心专利35项，其中发明专利占一半以上，已累计为全球40多个国家和地区上千个大型工程项目提供优质保温产品及技术服务，累计销售各种成型件418927个，管壳18377531米——这个长度可以绕近地球半圈。

企业近5年每年有1000万元的研发投入，占销售收入的8.5%，先后被国家和省级有关部门认定为国家级高新技术企业、工信部专精特新"小巨人"企业、浙江省隐形冠军企业，成为建筑保温材料这个细分产业领域全球市场占有率排名第一的企业。

引进日本技术

早在20世纪40年代，美国欧文斯科宁公司就试制成功并商业化了硅酸钙保温材料。随后，英国、日本、苏联等国家陆续进行了相关研究和生产并在工业、民用领域大规模应用。80年代，随着我国经济的快速发展，宝山钢铁、鞍钢等一批大型钢铁企业建设都急需好的硅酸钙保温材料，而我国在这一领域的研发生产还是一片空白，依赖进口。

硅酸钙保温材料的主要原材料是硅藻土，嵊州是我国第二大硅藻土产地且此地土地硬度适中、硅藻比表面积大，非常适合生产工业和建筑保温材料。在获得这一市场信息后，当时在嵊县（今浙江省嵊州市）崇仁镇供销社担任副主任的裘茂法看着像板砖一样的材料心想："难道我们连这种东西都生产不了？"于是他决定试水，但发现国内很少有相关的企业、科研院所可以对接，他决定走出国门，去国外引进技术，实现自主生产。（那时候他请教了中国科学院上海硅酸盐研究所，该研究所在1984年生产出国内第一代硅酸钙保温材料，不过性能落后于欧洲、美国、日本等地产品。）

1990年，裘茂法和中国新型建筑材料总公司合作，产品有了一定的质量提升，但是还不能和国外产品相比。在中国新型建筑材料总厂的相关领导带领下，企业走遍了全球各个硅酸钙厂家，转一圈后发现日本ASK株式会社的技术最为先进。通过中国新型建筑材料总公司和日方多次沟通，最终，日方表示愿意提供生产线和技术支持。1994年，浙江阿斯克保温材料有限公司（三方合资公司）正式成立。

得益于日方的技术优势，阿斯克的硅酸钙保温材料相比其他保温材料，在抗损性、保温效果、全寿期经济性、防腐蚀性、防火性能、安装便捷性、节能减碳能力等方面有着突出优势，很快打开了市场。

"我们遇到过一件非常有意思的事情。"裘茂法的儿子、阿斯克总经理裘益奇说。当年秦山核电站项目找不到符合标准的国内保温材料厂家，越过重洋从加拿大进口了一批货,结果收货时在外包装纸箱上发现"浙江省嵊州市"几个字样。"原本不到 300 公里的路程结果绕了地球大半圈,我们的产品就这样又被运回到了国内。经过测试,产品得到了业主方的高度认可,从那以后对方就直接找我们合作了。"

质量就是生命　创新不惜重金

2003 年,裘益奇从新加坡留学归国,他主动要求从基层做起,"2004 年刚过完年,大年初三还是初四,我就去工地了"。原本计划到工地考察几天,结果时间一再变更,从周到月再到年,最终他在工地辗转了 4 年。

"2007 年,我接手外贸部,2008 年开始我跑遍了日本、韩国、中东、美国和中国台湾等地,了解新的市场需求和产品。特别是 2014 年我们与日方合资期满,日方退出后,我们越来越感受到自主创新的重要性。"裘益奇说。在他的理念里,产品质量就是企业的生命,持续创新是企业发展的根本。2007 年,裘益奇主动放弃代工生产(OEM)市场,专注自主品牌,虽然此举会直接导致阿斯克每年固定的订单损失 10%,但他没有一点点的动摇。在他的亲自带头参与下,阿斯克先后设立了省级高新技术研发中心、硅酸钙保温材料研发中心、外国专家工作站,与浙江大学、南京玻璃纤维研究设计院等高校科研院所共建实验室,开展产学研合作,公司科研人员的比例达 30%。

得益于在工地的 4 年历练,裘益奇首创了行业"硬质可拆式预制成型件"，成型件可根据客户要求定制加工成各种形状规格的成型保温壳件，适用于各种直管、弯头、三通、异径管、法兰、阀门、隔热管托等。以DN900的弯头为例，如果是散件安装，需切割560片，2个工人最少需要6天时间完成，即96个工时；如果是成型件，2个工人的安装时间是30分钟，即1个工时。尺寸越大，分层越多，结构越复杂，安装效率越高。"除了安装效率高、人工成本低，成型件因具有多层保温结构，每一小块都被设计成了错缝结构，这一设计来源于中国古代的榫卯结构，它具有结构紧凑热损小、现场材料零损耗、无需处理废料等优势。"裘益奇介绍说。

凭借产品优异的性能，2005年12月，阿斯克获得ARAMCO证书，成为沙特阿美石油公司保温产品供应商；2017年1月，获得KNPC证书，成为科威特国家石油公司保温产品供应商。对此，裘益奇说："没有研发投入，就没有项目回报。不要计较太多，即便合作不成，我们也探索、积累了经验。"

父子接力　创新永远在路上

早在20世纪90年代，裘茂法就购置了50台康柏"386"电脑，并请软件工程师驻厂2年开发了自己的ERP系统，"当时电脑都是新鲜事物，更别说什么数字化改革、数字化管理。我还花了2个月时间学习五笔"。

根据每年的销售情况，裘益奇会对畅销货品规格及平均库存周期等进行分析，并预测未来市场趋势，再据此按科学比例进行预生产管理。"比如在综合排列出的 100 款热门规格里，前 10 的预生产 60%，前 50 的预生产 30%，前 100 的预生产 10%，产品越畅销预生产越多，数据每年都在变。"正是他在管理创新上的提前布局，以及结合大数据，产品的交付周期大幅缩短。客户下单后，阿斯克可实现立马交付，不再需要等待三五个月的生产周期，生产周期短成为阿斯克最强的市场竞争力。

"其实，我跟父亲在公司运营上很多方面都有意见分歧，毕竟他们那一辈人筚路蓝缕，一直非常注重成本控制，而我一直认为创新必然是需要投入的，无论是技术还是管理，甚至是营销、品牌打造等等，这些都是阿斯克能够持续发展的竞争力。"裘益奇说。

裘益奇与父辈的行事作风大相径庭。在国际展会上，阿斯克展位一定要在最中心的区域，一改同行一个易拉宝"蜷缩"在 3 米见方角落里的常规操作。"我们就是要让全世界知道，中国的产品是一流的！"裘益奇透露，一次和父亲去日本出差，阿斯克的产品让日本同行刮目相看。

如今阿斯克完成了从父辈到二代的顺利传承，2015 年 9 月，在裘益奇的带领下，阿斯克成功登陆新三板市场，公司迈向了更规范、更快速的发展阶段。在裘益奇看来，无论管理创新还是技术创新，都离不开曾经 4 年基层岁月的磨炼，"辛苦是辛苦的，一天睡三四个小时，和各类人打交道，每天学到的东西都不一样。如果没有现场经历过，你根本不知道一个项目到底要怎么开展、怎么弄，我也切身体会到了父辈创业的不易"。

如今，阿斯克在裘益奇的带领下不断进取，不断拓宽硅酸钙保温材料的应用领域。"作为召集人，我们正在牵头制定硅酸钙保温材料的ISO国际标准，这将有助于提高我国在行业标准方面的国际话语权。2023年的12月，阿斯克成功发布了珍珠岩保温材料的ISO国际标准。"裘益奇说，这些年公司在不断开拓应用领域，从原来的热网、石油化工、发电厂，到新能源光热、大型水电站，并步入了被国外垄断的高端医疗器械等行业，世界十大火力发电站、世界十大水电站、世界十大地热发电站等重大项目都有阿斯克产品的身影。

成功秘诀

> 一招鲜，吃遍天。
>
> 老一辈发挥本土优势、敢闯敢拼；新一代站在老一辈的肩膀上引进全新理念，再创新高。
>
> 阿斯克在保温材料行业的腾飞之路，离不开裘茂法和裘益奇两代人的共同努力。
>
> 2024年，阿斯克迎来公司的40周年庆，公司始终坚持脚踏实地、坚持稳扎稳打，并始终将研发放在第一位，不断创新与突破，为打造民族品牌而奋斗不息。

执笔人：壹新文化甄荣、步赏

福达合金：1米宽、100米深的专精特新之路

企业档案

创始人：王达武

创办年份：1994年

2009年，首次获得国家高新技术企业称号

2016年，被认定为国家企业技术中心，荣获浙江省重点企业研究院称号

2018年5月，福达合金正式登陆A股主板，开启二次创业新征程

2018年，获批国家级博士后科研工作站

2018年，产品入选工信部"第三批制造业单项冠军产品"

2021年，被认定为浙江省工程研究中心

从一个只有 400 平方米的小工厂起步，一步一个脚印，5 年时间就做到了 3 亩地、300 人、3 亿元的规模，再用 20 多年时间走完了欧洲、日本等地同行 100 年的发展道路，到如今拥有 3 大板块、4 大厂区、17 万平方米建筑面积和 1300 多名员工。审视福达合金材料股份有限公司（以下简称福达）的成长轨迹，真切感受到它走"1 米宽、100 米深"专精特新发展之路的意义所在。"1 米宽"即指福达 30 年来始终坚持做一件事情，聚焦一个产业——电接触产业；"100 米深"即指福达坚持深耕细分领域，用工匠精神追求电接触材料的极致完美。这个在福达创立之初就立下的企业信条，如今正让"小材料改变大世界"的梦想成为现实。

专注一个产业　小材料有大舞台

无论是 5G 通信、新能源、军工，还是家电、轨道交通等领域，都必须依靠低压电器的支撑，而福达自创办以来一直专注生产的，就是低压电器的"心脏部件"——电接触材料。

1980 年左右，温州市低压电器生产商展开了著名的"销售大战"，百万销售人员赶赴全国各地开拓低压电器市场。王达武也是其中的一员，他先在北京做了 2 年，然后又在天津做了 11 年的低压电器销售。其间，由王达武销售出去的产品先后出现了 2 次质量问题，这给他的触动很大："温州是全国低压电器的生产基地，但触点这个关键零部件的质量怎么就上不去呢？"带着这样的想法，在天津赚到了一些钱的王达武于 1993 年回到了温州，调研市场后开办了一家专攻电接触材料的公司，即福达的前身福达实业，试图去解决温州低压电器在触点零部件的质量缺口。

"1米宽、100米深"，这是福达在创立之初就明确的发展战略定位，意为要在触点这个细分行业中，做到最好、钻研最深。"身处触头材料这一细分行业，我坚信'小材料改变大世界'，有电的地方，都需要使用我们的产品。"据王达武介绍，福达的产品已经被广泛地应用于通信、汽车、工业控制、家用电器、电力系统等国民经济主要领域。比如当前全国的铁路信号系统，所运用的电接触材料绝大部分是由福达提供的。

精耕细分领域　走在全球前列

作为福达创始人，王达武带领企业坚定不移地走"1米宽、100米深"专精特新发展道路。从寂寂无闻的小作坊，到国内行业里一枝独秀，再到成长为细分行业生产规模全球前三的企业，福达的发展脚步从未停歇。目前主要配套服务于正泰、德力西、宏发、ABB、施耐德、西门子等国内外客户，产品销往欧洲、美洲、亚洲的20多个国家和地区。

"100件产品中只要有1件不合格，我认为剩下的99件也是不合格的。"王达武对质量的把关，几近严苛。公司将这一理念融入了每一枚电触头的生产过程，也为企业赢得了越来越多国际知名企业的订单。

日本的欧姆龙集团是全球知名的自动化控制及电子设备制造厂商，为了进入这一国际企业的供应商体系，王达武可谓"六年磨一剑"。欧姆龙集团对供应商的审查有一套严格的制度，光是对一个样品就要进行6个月到1年的试验。王达武亲自带队去考察过好多次，又请对方公司人员过来指导。

就这样，经历了6年时光，福达的产品最终获得了欧姆龙集团的青睐。王达武说："这6年没有白等，不仅收获大额订单，还接受了顶尖企业的全面监督，对提升产品质量大有裨益。"就这样，国际市场认可了福达品牌。

在王达武看来，福达是为供应链中下游提供核心配套产品。因此，产品的性能要达到国际同业水平，甚至要超越，企业客户才会认可。此外，品质的稳定性以及产品的性价比，都决定了福达产品在国际市场中的竞争力。

"以前，国际同行有品牌优势、技术优势，但现在我们已经逐渐在拉近和他们的距离，我们已经具备了与国际竞争对手全面抗衡的能力。我有一个判断，当然不敢说完全准确，那就是未来的国际市场中，世界触点行业看中国，而中国就看浙江。电接触材料这个细分行业的未来基地不会在日本，也不会在欧洲，而是在中国。"谈及福达在细分领域的钻研成果，王达武信心满满。

特攻技术难题　创新力硬核出圈

福达在国际市场上的底气来自企业强大的自主创新能力。福达自创立以来，通过自主创新和引进消化吸收再创新的模式，不断增加技术积累，逐步建立起以企业为主体、市场为导向、产学研结合的技术创新体系，加快突破产业技术瓶颈，打通堵点，补齐短板，重塑福达产业链、供应链的竞争格局，不断增强生存力、竞争力、发展力、持续力。

福达自主开发转化的铆钉复合触头，节银效果达到40%以上，产品出口欧洲、美洲、亚洲，入选工信部制造业单项冠军产品。公司牵头发起制定了行业标准，自主开发的银碳化钨触头已批量供给富士、西门子等高端客户，打破了国际同行在高端熔渗类触头材料领域的技术垄断，获得了客户的普遍认可……

福达这一项项攻坚克难的成果，正是对"以科技创新带动企业发展"的最好实践。目前，福达将每年销售额的3%以上投入研发，建设好国家企业技术中心、国家博士后科研工作站等创新平台，着力攻克一批核心技术和产品，不断向体积小型化、性能优越化、成本最优化、过程绿色化、制造智能化的研发方向攻坚破难。

通过创新，公司已累计申请近400件专利，拥有已授权有效专利207件，其中发明专利132件、实用新型专利75件，核心技术均得到了很好的转化。公司共参与52项国家、行业、团体标准的制修订工作（已发布实施50项），其中国家标准14项、行业标准36项、团体标准2项。公司研发成果先后荣获浙江省科学技术进步奖二等奖、三等奖各3项，省优秀工业新产品（新技术）奖2项，省专利优秀奖1项。

创新的背后离不开人才的支撑，从小作坊开始，王达武就对人才的需求达到了如饥似渴的地步。他投入巨资，聘请业内知名老专家、老技工，组建了自己的研发团队，通过数十年的技术积累与沉淀，如今，人才已成为福达最核心的竞争力。自企业创办以来，福达拿出若干股份实行股权激励制，使核心团队真正与企业心连心、同呼吸、共命运，实现人才资本与金融资本的结合，打造了业务过硬、责任过硬、纪律过硬的专业化、年轻化、知识化人才梯队，使福达整体技术实力逐渐步入国际先进行列。

新生蜕变突围　开启二次创业路

2018年5月17日，福达正式登陆A股主板，对王达武而言，这又使他步入二次创业征程。公司上市后，福达投入巨资，从软硬件入手，为公司的全面发展装上"加速器"，生产车间被评为"浙江省数字化车间"。

当前，数字化发展为实体制造产业带来了高质量发展的新机遇，"十四五"期间，福达加速布局智能制造，不断提高创新链、产业链的整体实力。分阶段实施生产的"自动化—数字化—网络化—智能制造"项目，向"无人车间、熄灯生产、智能工厂"的方向前进，最终实现"产量翻番、人员减半、质量倍增、成本最优"的高质量发展目标。

电接触材料领域发展前景广阔、市场潜力巨大，王达武带领着福达积极响应政府号召，全力协助政府打造温州新时代"新三板"，创新构建"一主两翼一拓展"产业模式：以"电接触产业"为主体，大力推动数字化车间、智能工厂、未来工厂建设；以"柔性智能装备产业"和"贵金属循环利用产业"为两翼，实现产业智能与产业延伸并行；以"新能源汽车材料和航空航天材料"为拓展方向，致力于成为具有专业化、精细化、特色化、新颖化发展特性的企业。

成功秘诀

> 公司从温州市场起步，发展为覆盖全国的电接触材料龙头企业，再到如今成为世界先进的电工材料研发与制造中心。这背后是王达武选定方向，找对人才，然后坚持精耕细作的战略布局。
>
> 30年来，王达武率员工坚持工匠精神，专注研发生产电接触材料，使福达在细分领域稳居世界前列。这1米宽、100米深的发展之路，福达走得艰辛、走得孤勇。它不断聚力科技前沿、紧抓技术迭代，坚持创新、引领市场，进一步提升产品核心竞争力、夯实品牌底蕴根基，让福达向着"百年老店"的品牌目标披荆斩棘、勇往直前。

执笔人：张晨

志达管业：逆境向阳 料峭春风中的发展之路

企业档案

创始人：王忠华

创办年份：2008年

2009年6月，进入欧盟、美国、新加坡、马来西亚、埃及、英国等国际市场

2012年1月，获得国家质量监督检验检疫总局颁发的特种设备制造许可证

2013年5月，公司在欧盟委员会（以下简称欧委会）对中国钢制对焊管件产品的反倾销调查中获得胜诉

2018年，获评国家高新技术企业，浙江省温州市经济技术开发区"亩均论英雄"A类企业

2020年12月，成为浙江省隐形冠军培育企业

2022年1月，公司被认定为省级专精特新中小企业

2023年，获评国家级专精特新"小巨人"企业，建立浙江省企业研究院，材料检测中心荣获CNAS实验室认可证书

在位于温州湾新区的志达管业有限公司（以下简称志达管业）生产车间内，一大批管道管件包裹着塑料薄膜正准备装车发货，就是这样看似简单的部件，经过了志达管业十五年如一日的不断打磨提升。公司以过硬的产品品质，稳入行业第一阵营，打响了品牌。这也让它更具勇气和底气"漂洋出海"，产品先后打入欧盟、美国、印度、东南亚、非洲、中东等国家和地区的市场，广泛应用于石油、化工、液化天然气、核电、船舶与海洋工程、电站锅炉、造纸、水处理、半导体、芯片等国民经济命脉行业。志达管业在争做金属管件业头部企业的同时，也将"温州制造"4字深刻于行业标杆之上。

坚守初心　　认真做好每一件产品

时间回到2008年，彼时刚刚和朋友分家选择自立门户的王忠华，在温州市龙湾区沙城街道租下了1500平方米的厂房，正式进军工业金属管件业。

据王忠华回忆，成立之初员工大概只有四五十人，第一年就做到了1800万元的产值，基本上是做国外的一些贸易订单。"我们先是取得了欧洲一些国家的资格认证——产品要卖到那里必须要取得相关证书——

然后慢慢地拿下美国的船级社（ABS）公司，逐步用这些敲门砖帮我们打开出口的大门。"

为确保货物保质保量，如期交付，志达管业建立了体系完备的订单跟踪及客户响应服务。以最快的速度解决客户诉求，质量和服务双管齐下。交货快、品质好、性价比高等优势让它频频成为国外一些知名企业的合作伙伴。

"我们的管道配件大都用在一些对安全要求极高的工业项目上，抗压性、耐腐蚀性、耐低温等各项指标均要百分百做到位，因此我们对产品品质特别上心。"产品应用领域的特殊性，让王忠华对管业制造工艺有着匠人般的执着，对于每一道工序，公司都有严格的制造标准和检测流程。

"这16年的发展历程对于我们来说，重心就是认真做好每一个产品。为了一个更精准的参数，试验几十次、百余次是常态，有的甚至试验了几百次。"王忠华介绍道。

众多外贸订单推动着志达管业的工艺不断提升，也带动着它以"欧洲制造"标准为定位，开始生产制造双相钢、超级双相钢以及镍基合金的管件。因为彼时国内能做这些产品的企业很少，加之国外其他管业企业的交付能力不足，志达管业逐步建立了独特的行业优势，并站到了行业顶端。

专注创新　坚持追求高质量发展

如果说依靠自己、艰苦创业是温商精神的"根"，那么追求卓越、勇于创新则是温商精神的"魂","创新"二字也是贯穿于志达管业发展历程中的关键词。

在志达管业占地面积达4万平方米的厂房里,共有钢材原材料30多种牌号,焊接口径最大可达2000毫米,年生产管配件20000吨,可耐温度从零下196℃到800℃,生产包含弯头、三通、大小头、翻边、管帽、法兰、锻件、连接件、预制管段等多种类型的管道配件产品,这些都是志达管业科技创新结出的累累硕果。

"通过对传统制造产业的转型升级,在细分领域中,我们的产品具备了极高的科技含量和竞争力,比如高耐蚀高强度的船用管系装备部件产品、高精密连接管配件、海洋装备锻件等,这些产品被应用到流体输送、节能环保、医药机械、石油化工、海工军品等诸多领域。"谈及志达管业的创新探索,王忠华直言,创新的意义不在于开发出多少新产品,更多的是针对已有产品的升级迭代和技术工艺的精益求精。通过量的积累与质的打磨,志达管业不断挑战自我,产品品质日臻完善,精品率由99.00%提升到99.99%。

志达管业十分注重人才招揽和培养政策,重视技术研发和科技创新。公司团队结合市场发展动态,根据市场发展新形势、新趋势和新要求,抢抓战略性新兴产业蓬勃发展新风口,想方设法推动企业运营再立"新柱",通过产品创新、技术突破等方式不断加快转型升级,增强企业核心竞争力和可持续发展能力。

"我们先后获评为国家高新技术企业、国家级专精特新'小巨人'企业，建立了浙江省企业研究院、浙江省高新技术企业研究开发中心、温州市市级企业技术中心、温州市工业设计中心。"据王忠华介绍，迄今为止，公司在材料研究和工艺创新方面取得了诸多成就，拥有70多项国家专利，入选省级新产品4项，参与制定国家标准4项、行业标准2项，也是浙江制造业相关标准的制定者。

随着新一轮技术革命的发展，新一代信息技术与制造业将深度融合。志达管业深知制造业智能化是企业快速发展的必经之路，于是积极引进资源管理系统，推动信息化与工业化深度融合，配合产品生产全过程的信息监控和追踪，严格把控产品质量；引进智能机械手生产线、数控锯床、数控车床、自动焊机和自动双坡口机等前沿设备，推动生产资源优化配置，实现效率最大化。由此，在实现提质、降本、增效的同时大幅缩短生产制造周期。

勇担使命　在世界舞台上继续发光出彩

从最初的家庭作坊到如今规模化的产业园，一路走来，志达管业稳定如一的品质，赢得了不少重大项目的订单，但高占有率也引起了欧洲同行的不满。2013年，欧委会根据奥托昆普集团等欧洲企业提交的申请，对中国不锈钢管材发起反倾销调查并立案。

"当时我们生产的钢制对焊管件产品出口欧盟量排在国内管件企业前

列，所以欧委会选择了包含我们在内的4家中国企业进行调查，志达管业是浙江省内唯一一家企业。当时欧委会来人调查了3天，看单据，查账本，差不多把志达管业翻了个底朝天。"王忠华说。抱着"真金不怕火炼"的心态，公司积极配合。但王忠华没想到，欧委会再次给了他一个"特殊待遇"，指称志达管业"不合作"。王忠华立即要求欧委会就此举行听证会以还志达管业清白。几经交涉，志达管业的不妥协获得了之后在布鲁塞尔举行听证会的机会，并以有理有据的反驳顺利摆脱指控。

在王忠华的力主下，行业带头抗诉欧委会反倾销调查最终胜诉，为此志达管业还获得了浙江财政下发的50万元奖励。

"中国金属管件行业的快速发展，也推动着中国制造的管业走向国际舞台，牵手更多的国外合作伙伴。我们面对的国际同行竞争会越来越激烈，遇到的国际对手也越来越强，所以，每一次与强手的交锋，都是一种磨砺，可以为以后应对挑战积累宝贵的经验。欧洲强手的提告，欧委会的反倾销调查，正是为志达管业提供了一次实战机会。"在王忠华看来，能让欧洲同行巨头"惦记"上，也从侧面说明了志达管业的产品、实力、潜力得到了欧洲强手的肯定。对于志达管业来说，苦练内功、不断提升品质才是王道。

墙外开花墙内也香，近年来，一直以出口为主的志达管业开始牵手国内大企业、大项目，成为它们的供应商。2022年，志达管业还被中国化学工程集团有限公司评为优秀供应商。"能进入中国化学工程集团的采购体系，并成为其中的优秀供应商也是很难的。因为中国化学工程集团的不锈钢管件类的供应商不止我们一家，这也是专业大企业对于志达管业产品品质的认可。"王忠华说。

未来，志达管业将继续践行"用心做好每一个管道配件"的经营理念，加大企业智能化改造力度，加强工艺和技术创新，向价值链高端延伸，勇当管道配件排头兵，通过示范引领带动企业赋能行业，促进制造业高质量发展。

成功秘诀

干一行、专一行、强一行，一直在金属管件行业打拼的王忠华，交出了专业细分领域的高分报表。一路走来，志达管业以匠心赢得客户，靠品质征服四方。

保证品质、行稳致远是志达管业一路披荆斩棘的盾甲，也是它追求基业长青的使命。这个使命激励着志达管业时刻谨记"品质为王"的初心，以更强烈的担当精神、创造精神投入企业的生产经营，推动企业高质量发展，续写新的辉煌。

执笔人：张晨

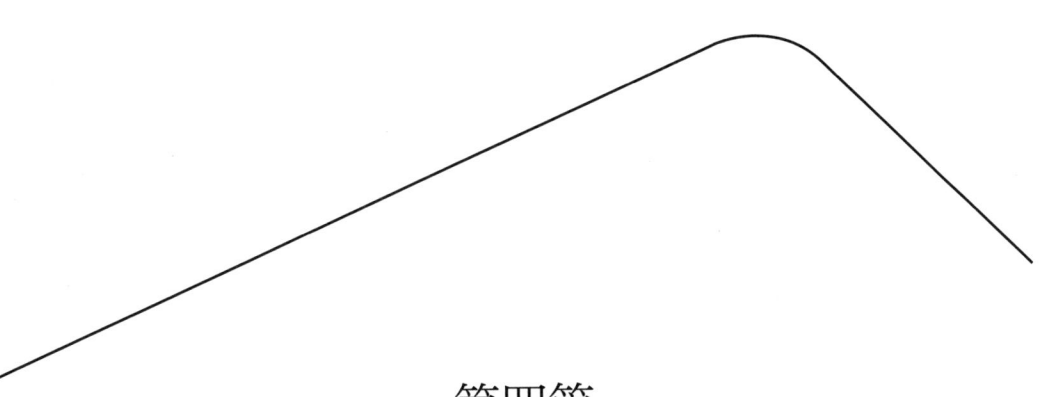

第四篇

绿色低碳：转型发展之要

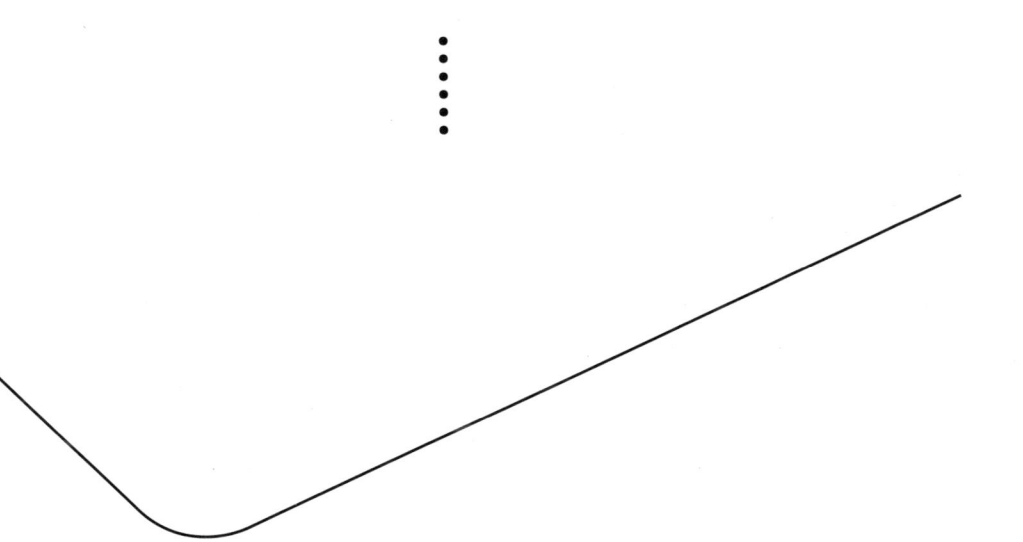

东方日升：创二代成功实现转型升级

企业档案

创始人：林海峰

创办年份：1986年

2002年，成立东方日升新能源股份有限公司，公司主营产品转变为太阳能草坪灯、离网发电系统等

2006年，主营产品为光伏电池及组件

2010年，在深交所上市

2013年、2014年，Photon实验室组件测试排名全球第二

2016年，跻身全球十大光伏组件制造商年度组件产能第一梯队

2017年，获评新能源企业500强

2020年，全球首家500W组件出货企业，异质结组件发货量全球第一

2021年，推出NewT@N产品，首个风电EPC项目并网，全球首发高强度

合金钢边框组件

2022年，推出超低碳光伏建筑一体化（BIPV）产品，"升阳光"户用品牌发布，700Wp+异质结伏曦组件实现量产

光伏产业是我国可同步参与国际竞争、保持国际先进水平的产业之一，是可以与高铁比肩的又一张"国家名片"。这个行业给人以一种蓬勃向上的印象。如果再进一步关注从事光伏产业的东方日升新能源股份有限公司（以下简称东方日升），就会发现，这家企业如同其名，似日出东方，欣欣向荣。

选取2023年5月底到6月初，公司10天内的几则消息：

据公司2023年6月2日发布的消息，东方日升3年蝉联PVEL"表现最佳"荣誉。PVEL是太阳能行业中最值得信赖的独立测试实验室和权威数据分析来源之一，每年对在其产品质量测试组合评估中表现优异的领先光伏制造商进行表彰。

5月30日，全球知名市场研究机构EUPD Research公布了拉美地区2023年"顶级光伏品牌"名单，东方日升凭借卓越的产品性能、优质的产品服务和超高的客户满意度得分，再度在巴西、智利、墨西哥等拉美地区获得该荣誉。

5月24日，2023东方日升BIPV新品发布会在国际太阳能光伏与智慧能源（上海）展会（SNEC）现场隆重召开，多款BIPV新品首度面世，从

产品设计、外形、性能等多角度全面升级，引领光伏建筑一体化系统设计发展新高度。

……

今天的东方日升，作为光伏领域头部方阵企业，生产的光伏电池及组件出货量常年跻身全球前列。公司拥有45GW组件年化产能，在欧洲、澳大利亚、美国、日本、越南、墨西哥、巴西等多个国家和地区设有办事处，拥有销售网络，全球化实力处于领先地位。

转机：来自敏锐判断与把握

东方日升与新能源相结合，是在2002年。当年东方日升新能源股份有限公司成立，注册资本8.92亿元。公司主营产品从橡塑转变为太阳能草坪灯和离网发电系统。

在这之前，宁海有多家橡塑厂。1997年，22岁的林海峰大学毕业，子承父业接手了家里的橡塑厂。不过，他对父亲原先经营的塑胶模具并没有多少兴趣，转而把目光投向了汽车功放市场，公司从生产线路板原件、插件入手，到最后开发出成品。由于耗费太多研发资金，加上后续资金不足，一年后公司关闭。

林海峰并未就此罢休，后又进行过诸多尝试。而在一次次实践中，企业负债由数十万元累积到上百万元，最困难时，他甚至想放弃做实业，帮人开车谋生。

困顿之时，注塑机的出现，让林海峰第一次尝到了成功的滋味。也因为这个生意，林海峰第一次接触到了太阳能，公司的路也从此越走越顺。

东方日升抓住了太阳能发展的好时机。

林海峰依然记得2017年6月带团队赴日本京都，与日本第一工业制药（DKS）坂本会长见面，沟通业务合作、筹划储能事业的情景。

那天傍晚，在京都那个精致、幽雅、恬静的庄园里，坂本会长一见到林海峰就说："林先生，东方日升了不起啊，短短几年时间销售额就超60亿元人民币了，我们（DKS）还是500亿元日元（按照当时汇率，折合人民币大概30多亿元）。"

经过几天洽谈，东方日升达成了与DKS子公司天津双一力新能源有限公司（以下简称天津双一力）股权合作的共识，并决定成立各自工作小组，推进工作落地。2018年1月，坂本会长带领日本高管团队来浙江省宁波市宁海县总部考察，当年5月东方日升与DKS正式签订股权转让协议，天津双一力正式成为东方日升大家庭的一员。从此，东方日升储能事业也翻开了崭新的篇章。

其实，大约在5年前p型产品还"火"得一塌糊涂时，关于未来的电池技术路线选择问题在公司内部就有几种不同的声音，当然主流的肯定是本征薄膜异质结电池（HJT，那时还叫HIT）和TOPCon。每次技术研讨会上，两帮人马都会激烈地出招、过招，PPT一次比一次复杂，数据、图表让人眼花缭乱。

他们每次都想听林海峰的意见，林海峰就说都试试看呗。但他内心一直都是倾向于HJT的。为什么呢？因为使用HJT后，制造工序几乎减少了40%～50%，且量产效率有可能高出三四个百分点，还有比这个更好的技术路线吗？虽然那时受设备、工艺和材料的限制，该技术在节省成本上并无优势，但林海峰坚信，随着技术创新和设备进步，要不了多久，实现HJT大批量生产和GW级出货的那天一定会到来。

对于东方日升对HJT的坚守，业内业外仍有着质疑的声音，前段时间甚至还出现过"东方日升要放弃HJT了"的江湖传言。有言道"他强任他强，清风拂山岗；他横任他横，明月照大江"，林海峰加了一句："他说任他说，我自干我的。"

2023年4月，常州基地4GW异质结伏曦电池项目产线实现成功贯通和批量产品下线，再次夯实了东方日升在光伏新时代引领大尺寸n型产品发展潮流的领导地位。那晚，林海峰发了一条朋友圈："HJT肯定是最好的选择，而不是可能。"

林海峰始终坚信，在未有新的革命性电池技术出现且可以量产之前，HJT一定是最好的n型产品技术路线，而不是之一。

转速：步步往上行

公司的储能业务部门从最初的两三人，发展到今天拥有500多人的团队，拥有天津、宁波两大研发、生产基地，在集团发展战略中的地位越来越重要。

储能团队能够获得长足发展，既得益于公司 5 年前对电化学储能发展道路的正确选择，也离不开储能团队一茬接着一茬地干：在上游原材料暴涨、电芯"一芯"难求的时候，团队没有放弃，坚持干；在没有太多利润贡献，只能勉强养活自己时，团队没有放弃，勒紧腰带继续干；后来客户的订单越来越多，团队对公司的价值贡献越来越大时，大家更是信心十足地加油干。终于，团队在持续奋斗中迎来了储能事业的春天。

2019 年 7 月，东方日升筹建异质结项目小组。现在，东方日升作为行业异质结技术的引领者，异质结的产品、产线、新基地布局和规划，都是公开的信息，已经不是什么秘密了。但是，4 年前异质结项目在公司内部绝对是头号机密，除了公司几个高管和项目组成员，没几人知道这个项目小组都有谁，在哪里办公，每天都在干什么，称其"神出鬼没"一点也不为过。

团队成员缺席了一年一度的干部"魔训"，即便是年终集团总结表彰大会上也见不到他们的身影。为什么要这样？因为那时不仅仅要考虑技术和商业秘密，还要让项目团队有一个完全安静、不被外界打扰的工作环境，能彻底地安心干活，尽快把项目搞出来。

这个被企业内称之为"神秘"的组织，在相当长的一段时间内就是在低调、默默无闻地攻关：材料替代、设备攻关，成本降低、效率提升、小试、中试、量产……随着时间的推移，当有一天这个组织不再神秘，可以公开示人时，人们才发现，团队成员引领了行业的进步。

转道：跨界启航

2020年公司决定进入上游硅料行业。对于东方日升要做硅料业务这点，很多人都没想到。进入新世纪第二个10年，当光伏上游越来越成为"卡脖子"的环节，让公司难受至极且快要"憋死"的时候，作为负责人的你会怎么办？"那就自己搞呗。"林海峰说。但是，想进入一个完全陌生的行业，谈何容易。公司一些高管也持反对意见。理由有二：第一，咱们不懂，又没人才；第二，这个行业不缺产能，投产周期又比电池组件要长，等投产了市场价格也许就下来了。

林海峰何尝不知道这些困难。但是，万事不都是人干出来的？不干怎么知道能不能干？而且，相对于请求他人、看别人脸色行事，还不如自己搏一把来得酣畅。再说，此时不上，后面再上的话，困难一定会更大。

公司没人懂，没人敢"挑头"，林海峰就自己来做这个项目的组长。林海峰朋友多，当他遇到什么困难的时候，总会有朋友相助。当获悉内蒙古有现成的硅料企业要转让的消息后，林海峰立即安排专人前去接洽、沟通，从谈判、调研到签约，各环节都比较顺利。这样，不到半年时间，聚光硅业就诞生了。

收购一家企业不难，难的是经营和管理。如何让一家老旧的化工企业重新焕发出青春？前期从行业内请来的高手，要么是水土不服，要么与总部派出的团队磨合不佳，摩擦、震荡了好一阵子，一些人不幸成了"烈士"。那时林海峰也曾焦虑过、痛心过，甚至还有过半年内三上内蒙古搞协调的艰辛经历。

但林海峰是个天生乐观主义者，暂时有困难没关系，总会找到办法。随着主要经营团队趋于稳定，2021年6月，工厂完成了设备改造，产能逐渐释放并实现满产，良率等主要指标也迅速提升，聚光硅业也在2022年成为集团最重要的效益贡献来源。事实证明，聚光硅业现在的团队是值得信任、可以打胜仗的好团队。

成功秘诀

> 林海峰的这两段话，或许可以视作东方日升成功的秘诀——
>
> 第一，无论是过去、今天，还是将来，想要成功都需要把握机遇，克服困难，并在坚持中干出来。
>
> 第二，若要说现在的东方日升还算是初步成功的话，那么，延续这个"成功"最重要的法宝有三个：一是企业发展方向的选择必须是正确的；二是必须组建技术过硬的人才团队；三是这个团队必须长期坚持实干和拼搏的精神，若没有那么多员工的肯干、实干、能干，企业肯定不会有现在的成功。

执笔人：陈骥

杭萧钢构：成为世界一流的绿色建筑集成服务商

企业档案

创始人：单银木

创办年份：1985年

1985年，成立之初即从事金属构件制品的制造和安装

1990年，与杭州富春锅炉厂合作成立锅炉制造有限公司，后又购买专利，生产输送设备

1994年，成立轻型钢结构制造公司，进入建筑钢结构领域

1996年，对产品结构做调整，专注于建筑钢结构设计、制造和安装，企业迈上发展快车道

2003年，在上海证券交易所挂牌上市，成为"中国钢构第一股"

2013年，提出"成为世界一流的绿色建筑集成服务商"的愿景

2018年，全力推进战略性新兴业务板块，致力于搭建以绿色建筑全产业链材料为产品的建筑产业互联网平台

回顾杭萧钢构股份有限公司(以下简称杭萧钢构)的历史会发现，它不仅展现了企业的发展，也显示了城市的发展。20世纪80年代改革开放之初，杭州众多本土企业进入草创期，杭萧钢构以金属构件制品制造和安装起家。90年代后，新兴企业渐成规模，杭萧钢构开始全面进入钢结构建筑领域，致力于钢结构建筑的设计、制造和安装。21世纪后，随着中国经济腾飞，杭萧钢构于2003年成为国内钢结构行业首家上市公司，2013年提出"成为世界一流的绿色建筑集成服务商"的愿景……

近40年来，杭萧钢构顽强拼搏、持续发展，不断书写着"创新传奇"。

战略转型　改写中国建筑史

钢结构建筑由于具有良好的抗震性、可循环利用、自重轻、建设时间短等多方面优势，被誉为21世纪的"绿色建筑"。走进杭萧钢构企业展厅，首先映入眼帘的是这样一句话："昨日秦砖汉瓦，今日杭萧钢构。"钢结构住宅技术突破了中国"秦砖汉瓦"式的传统建造模式，被誉为"第四次住宅革命"。

与钢结构建筑结缘，源于杭萧钢构创始人、董事长单银木1994年的

一次出国考察。"国外的建筑工地,没有一砖一瓦,没有飞扬的尘土,听不到搅拌机的轰鸣声,只有塔吊在忙着吊钢柱,做建筑好像搭积木一样,既牢固又快速。钢结构,这个陌生而新奇的概念一下子闯入我的脑海,挥之不去。"

回到国内的单银木卖掉了手中从1985年成长起来的8家企业,力排众议,正式创立杭萧轻型钢房制造有限公司,并将钢结构建筑确立为主营业务。这便是杭萧钢构的最初形态。

在出国考察的过程中,单银木发现国外钢结构的标准都不一致,有美国标准,有欧洲标准,还有日本标准、新加坡标准。2001年上半年,在历经短短6个月的建设时间后,一幢24层高、建筑面积5.7万平方米的钢结构建筑在杭州西子湖畔拔地而起,这就是国内首座全部采用国产化材料建成的高层钢结构建筑——瑞丰国际商务大厦。它的成功,填补了国内钢结构建筑领域的空白,改写了中国建筑史,也让杭萧钢构彻底打响了品牌和知名度。

"在我们建这栋楼的时候,中国还没有相关的钢结构标准与规范。"单银木介绍,这栋楼的建设标准就成为后来的国家标准,目前,国内80%的高层钢结构建筑均采用了标准中的技术。同年,公司经浙江省人民政府批准,更名为"浙江杭萧钢构股份有限公司",并开始筹划上市。

2003年,在单银木的带领下,杭萧钢构通过创新探索金融手段的方式撬动绿色钢结构建筑的研发和推广,成功完成了现代企业制度改造,并于同年11月在上海证券交易所挂牌上市，正式成为国内钢结构行业上市第一股。

这之后，杭萧钢构的发展步伐愈发稳健，企业规模逐渐扩大，项目建设稳扎稳打。2009年，国内首个完全国产化的绿色、环保、节能、抗震高层钢结构住宅建筑项目——武汉世纪家园引起全国关注；2010年，西北首个、全国最大的钢结构住宅群——包头万郡·大都城圆满完工，为公司打开西北市场奠定了基础。此后不久，杭州钱江世纪城人才专项用房顺利落成，这些"绿色建筑"杰作皆出自杭萧人之手……

大势所趋　未来建筑业的主流

浙江"八八战略"的正式发布，让杭萧钢构乘着"政策东风"进入发展快车道。随后，杭州世纪中心、杭州会展中心等一批绿色装配式钢结构建筑精品在浙江本土"落地开花"，成为点亮之江大地的一道道璀璨的"绿光"。

"改革开放40多年来，国家和居民有钱了，建筑的发展过程代表着国家的发展过程。我们国家的住房从茅草棚到木结构、砖房、混凝土房，再到钢结构，这是一个必然的发展过程。"单银木说。

随着习近平总书记提出的"绿水青山就是金山银山"理念的推广、"绿色建筑"理念的普及和国家"碳达峰""碳中和"战略的实施，以及钢铁产能过剩的材料条件，钢结构建筑的发展成为大势所趋。

近年来，国家和各省市相继出台了许多推动钢结构建筑的政策。2016年3月，"积极推广绿色建筑和建材，大力发展钢结构和装配式建筑，加快标准化建设，提高建筑技术水平和工程质量"被写入国务院《政府工作报告》。2019年3月，"开展钢结构装配式住宅建设试点"首次出现在有关文件中。2021年，《浙江省人民政府办公厅关于推动浙江建筑业改革创新高质量发展的实施意见》提出，到2025年，装配式建筑占新建建筑35%以上，其中，钢结构建筑占装配式建筑40%以上。

"我对钢结构建筑是有信心的，我认为它一定是未来建筑行业的主流。举例来讲，混凝土建筑都是有生命周期的，一般50年后就开始老化，到期后拆掉的话都是建筑垃圾。但如果是钢结构建筑，不仅生命周期长，拆除之后的钢材还可以循环利用。"单银木说。

牢记嘱托　积极拓展海外市场

2004年7月12日，时任浙江省委书记的习近平同志来萧山调研，考察了杭萧钢构，他鼓励单银木一定要走出去。这之后，"走出去"的想法就在单银木的心里萌生并逐渐坚定。不久，杭萧钢构拿到了安哥拉共和国安哥拉安居家园项目，这标志着杭萧钢构开启了以全球化战略布局为目标的新纪元。

2013年，"一带一路"倡议正式提出，杭萧钢构与哈萨克斯坦、尼日利亚、新加坡等"一带一路"合作伙伴的项目陆续展开：哈萨克斯坦阿克托盖铜选矿厂项目、马来西亚高层项目（地上53层）——马来西亚精英巴比伦项目，集地铁、公交为一体的大型交通运输及中转枢纽工程、新加坡最大地铁站之一——新加坡Mandai Depot T201……类似的案例还有很多，从巴西石油里约炼油厂炼焦项目到浦项墨西哥钢厂，再到卡塔尔多哈国际机场、格鲁吉亚国际商贸广场、新加坡OUB办公楼、冰岛国家音乐厅和会议中心、德国法兰克福空铁中心、波多黎各会议中心、伊朗南方电解铝厂、尼日利亚丹格特莱基炼油厂、印度沙拉亚电厂、埃塞俄比亚糖厂……

一个个海外项目，是杭萧人智慧和汗水的结晶。为了达到国外工程建设的标准，杭萧钢构不断进行技术革新，成为中国钢结构行业中首家获得美国和欧盟焊接企业双认证资质的民营企业。

科研创新　走数字化变革之路

作为我国钢结构行业的"领头雁"，杭萧钢构始终深耕钢结构住宅技术的研发创新，推动钢结构住宅的发展。自主创新研发的钢结构住宅体系获得了一系列国家专利，并成功应用于全国多个标杆项目。

自1985年创立至今，杭萧钢构已先后获得600余项国家专利成果、600余项行业奖项，并主编、参编国家行业相关标准规范100多项。2014年，历经2年多的匠心摸索后，杭萧钢构第三代钢结构住宅体系——钢管混凝土束结构住宅建筑体系横空出世，成为推动钢结构建筑行业技术革新的一大创新"密码"。

面对新的技术难题和令人欣喜的科研成果，单银木说："'科研创新'这把金钥匙是实现企业跨越式高质量发展的关键。"

浙江是数字经济发展的先发地。作为钢结构建筑行业首家上市公司，杭萧钢构早从 2018 年便以领先行业一步的"灵敏嗅觉"提前入场布局数字化技术。

2018 年，为引领建筑生态链上下游企业，帮助建筑生态链供需方企业转型升级、降本增效，杭萧钢构在杭州市萧山区投资国内首个"绿色建筑"产业互联网平台"万郡绿建"，将建筑产业与互联网技术深度融合，全力推动建筑系统全生命周期的绿色化和智能化。

杭萧钢构还成功入选杭州市首批未来工厂培育企业名单，通过数字化协同制造管理系统，借助信息化手段重构生产组织模式，成为域内标准钢结构未来工厂生产节点，对内实现数字化管理和资源优化配置，对外提供接单和产能数字化接口，从而提升工厂管理及盈利水平。

2021 年 12 月，杭萧钢构智能箱型柱、H 型钢生产线正式投产。该生产线由杭萧钢构自主研发，拥有独立知识产权，能够完成直条分割、传输、组立、焊接等系列工序，实现生产工厂化、作业机械化和管理信息化的全流程作业。

杭萧钢构科研团队还通过技术创新等手段，在 2022 年研发并投产应用新一代绿色建材产品——免拆底模钢筋桁架楼承板，以实际行动助力国家"双碳"政策的落地。目前，杭萧钢构已形成"设计研发+生产制造+项目建筑总承包+绿色建材+建筑产业互联网平台"的"五位一体"绿色建筑集成新模式。

"钢结构本身就是绿色产业，在'双碳'目标和对美好生活追求的双重市场驱动下，我们将继续加快行业转型升级，推动建筑业的绿色高质量发展。"单银木说。

"昨日秦砖汉瓦，今日杭萧钢构"——这句充溢着自信的企业口号，见证了杭萧钢构数十年来的发展壮大，也将在未来继续鞭策这家杭州本土企业砥砺奋进、勇往直前。

成功秘诀

其一，眼光锐利，大胆决断。几十年前单银木在国外看到钢结构建筑，就立即判断这是建筑业发展的方向和趋势，回国后果断改行，这就是企业家的战略眼光和决断力。

其二，紧跟时代，坚持创新。单银木在科技创新上舍得投入，招引人才，狠抓研发，并且步步紧跟科技发展潮流，及时让钢结构建筑与数字化平台连接。

其三，坚守主业，持续深耕。抱定朴素的绿色建筑理念，单银木在建筑钢结构领域深耕几十年。对赚快钱的诱惑不为所动，始终专注于钢结构业务，做大绿色建筑产业链，力争成为世界一流的绿色建筑集成服务商。守住初心，方得始终！

其四，走出国门，布局全球。伟大的公司必须走国际化的道路，杭萧钢构积极参与"一带一路"倡议实施，开拓了广阔的国际市场，大大加快了企业规模扩张的速度。

执笔人：王姝

源牌科技：超前叩开"双碳"大门

企业档案

创始人：叶水泉

创办年份：2009年

1995年3月，建成第一个冰蓄冷空调工程

2002年6月，与浙江大学合作成功建立国内第一个冰蓄冷实验室

2002年，主编国家标准《蓄冷空调系统的测试和评价方法》GB/T 19412-2003并出版

2003年，承建阿联酋绿色家园200万平方米区域供冷系统，使工程技术首次走出国门

2016年7月，源牌低碳馆大楼落成，源牌人乔迁新家

2016年7月，叶水泉荣膺第七届"科技新浙商"称号

2019年6月，献礼中华人民共和国成立70周年，源牌中标人民大会堂中央

空调监控系统改造项目

2020年1月，驰援武汉火神山医院

2021年11月，相关项目荣获国家科学技术进步奖二等奖

2022年8月，荣获国家级专精特新"小巨人"称号

2023年3月，源牌纳米导热复合蓄冰技术入选《公共机构绿色低碳技术（2022年）》

  叶水泉创办的杭州源牌科技股份有限公司（以下简称源牌科技）坐落在浙江省杭州市临安区青山湖科技城，截至目前，已有10多位省部级领导前去考察。它到底有何特殊之处？

  2022年8月，源牌科技收到了一封特殊的感谢信，它来自北京中信大厦（中国尊）项目部。项目部在信中感谢了源牌科技在疫情"静态管控"期间提供的高效运维服务。简单的一封感谢信背后，蕴含着源牌科技7年来对该项目的巨大付出。

  2015年，源牌科技与北京新地标中信大厦签约，全面负责项目的中央空调及楼宇自控系统总集成。该大厦有地面108层，地下7层，属超高层建筑，建筑总面积近50万平方米，体量特别大。同时，大厦对绿色环保方面的要求也很高，如以PM2.5为例，空调机组设置三重过滤，确保室内空气质量指数（AQI）小于32；即使北京室外AQI达到500以上，中国尊室内也不会超过32。为了达到这些要求，源牌科技的技术人员不断进

行调试，他们白天跑工地，夜里开会，加班加点成为工作常态。

暖通调试是创新与挑战并存的工作，调试技术方案需要层层审核，调试结果必须精益求精，调试问题也错综复杂，需要综合掌握暖通、自控、电气等多学科专业知识才能解决。如在风平衡调试过程中，技术人员遇到了末端风量不足的问题。为查找原因，他们先进入吊顶逐一核查所有风阀状态，再结合设计参数分析过滤网阻力、送风静压、风机运行电流、实测风量等测试数据，然后以理论联系实践，最终发现是由于临时滤网阻力过大导致风量不足。

这只是他们工作中极为细小的一个片段，但反映出的是源牌人一丝不苟的务实精神，而这样的精神自企业创始那一刻起，就镌刻在了公司的基因之中。

手握2项国奖 走出创业新路径

追溯源牌科技创新精神的源头，与董事长叶水泉的引领密不可分。1986年从大学机械专业毕业后，叶水泉被分配到电力工业部杭州机械设计研究所，从事水电站施工技术和装备研究工作。时值三峡大坝建设前期准备阶段，研究所承担了"七五"重点项目"水利水电工程混凝土预冷及生产系统"攻关工作。叶水泉参与了混凝土在高温天气下预冷的问题解决环节，以防止裂缝产生，保证大坝安全。该项目成果获得1993年国家科学技术进步奖二等奖。

初出茅庐便手握国家级大奖，叶水泉有值得骄傲的资本，但他却表现出了年轻人少有的沉稳。在研究过程中他发现，自己在制冷方面的知识存在着欠缺，而且对此也十分感兴趣。于是，他毅然决定攻读该专业的研究生，不料这个选择改变了他的事业方向。

读研期间，叶水泉发现，每到夏季，白天空调被大量使用，电力部门需要迎峰度夏、拉闸限电，但是晚上发出的电使用得少，又有富余。为了调峰，电力部门主要通过建设抽水蓄能电站进行调节，但是这样的方式建设周期长，投资成本高，效率相对较低。"我发现有些国家既能从用户需求侧入手调动社会资源，也可以帮助电网调峰。"叶水泉发现的新大陆就是现在公司引以为傲的冰蓄冷技术。

冰蓄冷技术，简而言之就是在用电低谷时段利用电能制冰，用电高峰期把冰化成水供冷，以此来减少用电量、帮助电网调峰。制冷正是叶水泉的研究专业，于是，1994年毕业回到研究所后，他立即组织7人成立了人工环境研究室，开展冰蓄冷技术的创新研发。与一般研究室不同，叶水泉要求团队的创新成果必须能实现产业化。"只有实现产业化才会有生命力。"正是本着这样的信念，叶水泉成立内部公司，将产研结合起来，把成果直接推向市场。诸暨百货大楼、温州体育馆……一个个项目的成功推动，使叶水泉走上事业的第一个高峰，2000年35岁的他便担任了研究所的所长。

随着市场经济体制改革的深入，2002年研究所进行了企业化改革，更名为杭州国电机械设计研究院有限公司，隶属于华电集团，成为电厂的服务型研究机构。叶水泉审时度势，注意到不少电厂因发电成本过高导致利润微薄。于是，又着手在内部组建了电力实验研究所，开展电厂降本增效的技术研发应用，并取得了不错效果。然而，2009年集团进行的改制，让叶水泉和他的团队再次面临留身体制内，还是走向市场的艰难抉择。

抛舍不下对冰蓄冷、低碳和建筑节能等技术的热爱，叶水泉最终选择重组杭州国电能源环境设计研究院，并成立源牌科技，开始朝着低碳能源与绿色环境建设之路大踏步迈进。凭借着出色的研发及应用能力，2021年源牌科技作为主要单位研究的"含高比例新能源的电力系统需求侧负荷调控关键技术及工程应用"项目荣获国家科学技术进步奖二等奖。叶水泉成为本行业领域内少有的手握2项国家科技奖的董事长。

从1993到2021年，2个国家科技奖之间的历程，是叶水泉不断探索创新的奋斗历程，是科研机构从转制到重新迸发活力的跃升历程，也是源牌科技从无到有，逐渐打开"双碳"之门的成功历程。

打开"双碳"之门　创新攀至新高度

2009年11月，叶水泉和他的同事们迎来了发展最关键的一年。杭州国电能源环境设计研究院作为首批科研院所入驻青山湖科技城，并且要助力青山湖打造"低碳经济示范区"。彼时的青山湖刚刚奠基，国家的低碳省区和低碳城市试点在次年7月才正式开启，面对着空白的卷子如何书写创新的答案，是摆在叶水泉团队面前的难题。

"我们首先做了一个低碳能源规划，就是把科技城红线范围内外的能源供应普查清楚。"叶水泉说，当时他们普查了从空气、风、水、土壤、地表水到污水、垃圾、生物质、地热等各种能源，然后根据红线范围内规划的建筑总面积模拟分析全年逐时能耗需求，以最低排碳量为目标，进行能源供需匹配，形成了极为详尽的低碳能源规划文本。"在国内，当时是开创性的。"

然而，规划好写，难的是要落实到位。为此，叶水泉团队又马不停蹄地编写了《浙江省科研机构创新基地低碳建筑节能技术应用导则》，遴选了30项节能技术强制运用导则、14项节能技术推荐运用导则，强调落户机构必须按照导则要求进行建设。"那时搞低碳节能是要增加企业投资成本的，仅靠市场价格规律作用是力量不足的，需要政府政策协同发力。"叶水泉说。

政策强制固然有效，但也需要有示范性的样本才能更加令人信服。于是，源牌科技便将青山湖科技城大园路上的总部建设为零能耗试验示范楼。这座U形建筑，屋顶及外墙保温层选用100毫米和60毫米厚矿棉板，提升了建筑物围护结构的隔热保温功能；在外墙体涂料方面，采用专用节能涂料，改变了墙体表面吸热特性，将辐射到墙体的热量反射到大气中，使夏季阳光进入建筑物的热量大大减弱。据悉，夏季可降低建筑物内空调能耗50%左右。另据叶水泉介绍，示范楼采用的22项节能技术，将大楼年运行耗电量从 25 万度降低到 10 万度。同时，屋面加装 100kW 光伏发电站，年发电量 10 万度，将多余电量并入电网，一年下来总体可以达到发、用电平衡，实现零能耗。

那么，其他企业的能源问题怎么解决？答案是建设智慧低碳区域能源站。以源牌科技主导设计、安装、系统集成并运维的青山湖科技城 1 号能源站为例，该站采用光伏发电、燃气分布式三联供、地源热泵耦合冰蓄冷等综合能源技术，利用低谷电力储能，同时天然气、地源热泵等多种能源相互补充的方式，实现冷热电协同供应和能源梯级利用。

据源牌科技市场部经理郑勇梁介绍，科技城核心区域 80 万平方米的建筑物均由 1 号能源站提供空调冷热源，通过冰蓄冷技术将电力"移峰填谷"，全年系统总耗电量中低谷电占比超过 80%，夏季实现日"移峰填谷"比例超过 50%，"削峰率"超过 50%，大幅减少了空调运行费用。另外，相对于终端用户各自独立建设供冷供热能源站，1 号能源站全年废气排放量可减少三成。

"现在回头去看，我们的方案实施，一是创造了多能源互补、冷热电储协同供应、全程能效管控的低碳区域能源供应方式；二是形成了规划引领、导则约束、多元投资、技术支撑的商业模式。"叶水泉和他的团队 10 余年前的前瞻性探索，对于我国落实"双碳"目标具有显著的示范意义，尤其是其确切可行的实操性项目，堪为业界典范。

除此之外，源牌科技的"双碳"创新业绩也可谓硕果累累。其主要研究成果"纳米导热复合蓄冰盘管及其冰蓄冷系统集成技术"和"变风量空调关键技术"经住房和城乡建设部科技成果评审,达到国际先进水平。"建筑能源计量计费与能效优化控制系统和产品"和"建筑能源环境协同控制(CCE2)技术"填补了国内空白,处于领先水平。许多关键技术属国内首创,全面替代进口,大幅度降低了国内高端建筑的建设成本。这些科研成果已在人民大会堂、中国国家博物馆、上海世博会中国馆、北京中国尊、上海中心大厦、上海白玉兰广场、上海虹桥/浦东机场、上海虹桥商务区、上海迪士尼能源站、广州珠江城大厦、深圳能源大厦、天津滨海新区文化中心、杭州市民中心、杭州火车东站、杭州奥体中心、杭州青山湖能源站、杭州和达能源低碳示范区、珠海横琴新区能源站等600多项国内重要建筑工程中获得应用,为我国高端建筑节省投资、节省运行费用和节能减排作出了卓越贡献。

　　胜而不骄。如今的源牌科技依旧踏踏实实地在创新的路上聚力前行。投入方面,2022年公司以总收入的10.2%投入研发,真正把科研作为发展的第一动力;人员方面,目前公司有139位员工,其中研发人员66位,占比47.5%;业务方面,2022年公司为江苏亿纬锂能、湖北三宁化工等厂房建设提供减耗增效方案,开辟服务民企项目的新领域,并向新能源电池、蓄能电池、半导体、化纤纺织、制药、设施农业等领域拓展。

　　面对源牌科技逐步走宽的发展之路,叶水泉依旧没有丝毫松懈:"企业跟人一样是有寿命的,延长其寿命的方法就是创新。"为此,叶水泉抱持着一辈子做好一件事的态度，全身心投入其中。"人生很短暂，要做点能在世间留下印记的事情。"他说。

成功秘诀

人生最幸福的事情是什么？那就是能够做自己喜欢的事，并坚持一辈子。企业亦然！只有始终保持自己的特长和优势，才能在市场上坚强挺立。

从投身制冷专业开始，叶水泉便率领他的团队沿着低碳节能这一条道走下去。无论风云如何变幻，他们都将"创新"二字铭刻在心中。

数十年来，他们在低碳节能的征途上引领行业不断前行，使技术创新的道路越走越宽、越走越亮，并为我国"双碳"目标的实现，继续贡献智慧和力量。

执笔人：葛晨

四维生态：打造全球植物工厂领军企业

企业档案

创始人：华桂潮

创办年份：2018年

2019年6月，建成浙江省最大的全人工光型植物工厂

2020年3月，携手浙江大学共建农业科技创新试验中心

2020年12月，通过国家高新技术企业认定

2021年10月，数字化育苗与定植成套装备研发项目成功通过浙江省科学技术厅"尖兵""领雁"研发攻关计划项目立项评审

2022年12月，现代化数字农业植物工厂通过省级数字农业工厂认定

2023年1月，四维生态数智全环控种植设备获得浙江省首台（套）装备认定

2023年9月，荣登《财富》2023年中国最具社会影响力的创业公司榜单

2023年10月，占地121亩的四维生态富阳数字农业产业园一期顺利竣工，

12000平方米大型植物工厂投入使用

2023年11月,携全球领先植物工厂技术亮相世界互联网大会

2023年12月,董事长华桂潮获评2023届浙江省十大数字乡村先锋人物

每株植物都是会呼吸的生命,在农村长大的华桂潮很小就懂得这个道理。植物也会展现出个性与性情,或张扬,或抑郁,或颓废,与土地、空间和气候条件息息相关。多年以后,工科生华桂潮扑身植物工厂,最大限度突破空间的限制,破解农业生产受自然条件制约的难题。

2024年是华桂潮创业的第31个年头。过往的每一次创业,华桂潮都凭借技术专长和市场判断抓住攻城略地的窗口期,从零到一,将公司产品做到极致。在这场人生的第4次创业中,他跨界农业,入局植物工厂,且乐在其中。

基于华桂潮的多年行业经验,以及英飞特电子公司在LED植物照明领域的丰厚积累,四维生态科技(杭州)有限公司(以下简称四维生态)在植物工厂领域取得了先发优势。瞄准传统农业发展痛点、难点,四维生态在打造全数字化管控智能植物工厂解决方案领域独树一帜,目前已经走在全球植物工厂行业的前列,产品在北美、欧洲、东南亚等市场得到了广泛应用。

作为植物工厂的一支生力军,四维生态还将植物工厂融合一、二、三产业,通过技术与商业模式创新,积极推进现代农业与文化旅游相结

合。短短几年时间，从打造样板到复制推广，四维生态的布局之路渐入佳境。

积淀核心竞争力　创建英飞特

1989 年，毕业于浙江大学的华桂潮赴美留学深造。1993 年博士毕业前，他与导师李泽元院士等国际电源界知名人士一起创建了 VPT 公司，主要开发航空、航天和军用的高频开关电源。

手握先进技术和丰富经验，1999 年，华桂潮毅然回国创业，走上了产业报国的道路。彼时，国内很少有能与国际电源厂家竞争的企业，华桂潮进入开关电源领域，创办了伊博电源（杭州）有限公司。作为连续创业的"发烧友"，2007 年，随着国家政策扶持不断加码，华桂潮敏锐嗅到 LED 的巨大市场，在时代机遇面前，他招了十几名博士和硕士生，成立英飞特电子公司（以下简称英飞特），全身心地投入其中。

2009 年 5 月，中国科技部启动了"十城万盏"国家战略，众多城市的路灯、景观灯陆续被改成 LED 灯，这一举动为室外照明行业注入一针"强心剂"。然而，匆匆上马的 LED 路灯大多没有达到照明上万小时的寿命标准。

"路灯要接受室外的风吹雨淋，一场雷雨可能会灭掉 30% 的路灯——大部分是驱动器失效引起的。"华桂潮说。

彼时，LED 市场上 95% 的企业从事拼装业务，缺乏自主知识产权。

华桂潮早年创业生产的是军用产品，他深知品质对于企业的长远发展至关重要，热衷于发明创造的他，带领英飞特团队攻克LED照明电源驱动难题，达到了1%甚至0.5%的失效率，同时带来了LED灯节能效果上的巨大提升。

很快，凭借着精进的创新技术，英飞特用不到4年的时间，将市场份额做到了全国第一，后又做到全球第三，并在2016年成功上市。

多年来，英飞特在知识产权方面，有着十分清晰的战略规划，始终把自主创新摆在首位。英飞特内部设有一个特别的"预言组"，用于前瞻性地预测未来行业需要什么技术，然后提早研发。"预言组"较早就预测到，作为照明市场细分领域之一的植物照明，具有明显的"小而猛"的态势。

因此，华桂潮带领团队迅速"入场"，提前进行植物照明技术、专利、智能接口等方面的布局。"没有这些投资，就不会有后面的核心竞争力。"华桂潮总结说。如今，英飞特的植物照明技术、产品、销售已经走在全球前列。

再次创业　成立四维生态

华桂潮对植物工厂的初识，来自几次和客户的偶然会面。2017年，英飞特成立满10年，在植物照明领域已享有盛誉，全球不少大型植物工厂都是英飞特的客户。公司负责人到中国时，往往会主动提出要和英飞特背后的这位技术型创始人见面。这些会面让华桂潮感受到英飞特在全球植物照明领域的地位，同时也让他意识到植物工厂市场潜力之大。

2018年，创业25年的华桂潮在经历了2次"退休"后，再次躬身入局，成立四维生态。"植物工厂会变革农业的许多领域，涉及全世界七八十亿人口的吃喝问题，社会效果非常好，有重要意义。"这些理由让华桂潮下定决心，再次创业。

在华桂潮看来，植物工厂生产的虽是农作物，但其核心是LED照明产业的延伸服务，而这恰是英飞特所擅长的地方。带着光电智能控制的核心竞争力，四维生态进入工业化农业产业，不断突破行业狭窄的"天花板"。

相比社会公众的认知，业内人士对于四维生态的诞生，应该是有所忌惮的，他们从一开始就预见到了这家掌握植物照明关键技术企业的雷厉风行和不俗雄心。

6年来，四维生态高速发展，在不断试探未来农业发展的过程中，建立起可持续的竞争优势。四维生态为植物生长量身打造的LED植物生长灯，具有光效高、耗能低、光谱可调的优势，可为处于不同生长阶段的植物提供相应的所需光照，提高作物的产量和品质。

在植物工厂领域，四维生态已然取得了不俗成绩，光是在草莓产业，就已从1.0版本陆续升级到2.0、3.0版本，如今已经发展到4.0版本。同时，其草莓工厂里采用的LED灯是四维生态自主开发的，它的光谱更适合草莓的生长，因此产出的草莓更纯正，也更能突出草莓的本味。

从浙江出发，四维生态的足迹已遍布包括云南、内蒙古等全国多个省市，相关技术服务及设备也出口到了美国、欧洲并即将在中东国家落户。

"植物工厂是工业化、模块化的设计，只要发现有可以优化的空间，我们就会马上改进。将来，相关植物的产量会不断地提高，口感也会越来越好。"华桂潮自信满满。

持续创新　引领企业发展春天

在四维生态的植物工厂内，一排排纯白的货架上，各色蔬果、花卉层叠排列，密集而整齐。与这些植物生长相关的每一个因素，光照、温度、湿度、营养成分……都被智控系统精准把握，打破了"万物生长靠太阳、靠土地"的传统观念，实现了作物全年连续生产。

在英飞特科技园这座工学与农学碰撞的"赛博"植物工厂中，华桂潮对植物生长边界的探索，从浪漫化的想象不断进入现实。在植物工厂成为设施农业领域"爆款"议题的当下，探索这种终极农业形态的梦想家们，仍然在降本增效的道路上不断奔跑。

高投入、高耗能，是植物工厂发展的最大瓶颈。在创业的前期调研阶段，华桂潮赴美国、日本、欧洲等国家和地区考察了全世界做得最好的几家植物工厂企业，发现这些企业布局植物工厂10余年，尚未实现盈利。但在他看来，任何新的产业都有一个发展过程，"如果等到成本低了、技术成熟了，那机会也轮不到你了"。华桂潮说。

发明专家、创业达人华桂潮看到的，恰是这个行业在技术上有巨大的提升空间，成本上有巨大的下降空间。"我们现在植物工厂总体成本大约是 9000～10000 元/平方米，三四年以后可以降一半。随着设计越来越优化，产出会比传统种植的产量高几十倍，成本会快速下降。"华桂潮介绍说。

华桂潮竭力提倡植物工厂应当往沙漠、戈壁滩等光伏资源丰富的地方发展。他跑去乌兰察布，站在辽阔的土地上，目睹当地蕴藏着的丰富太阳能资源，看到了未来植物工厂降低能耗的美好前景。

对前瞻技术，华桂潮更是有着非常强的敏感性。比起很多企业通过缩减成本途径达到提高效益目的的做法，华桂潮擅长一种更为高效的攻略——他不惜每年大量投入资金和精力到研发领域，不断带领企业前行，迈向行业的更高山峰。

目前，四维生态的顶尖技术人才在垂直种植、自动化、智能控制、物联网、LED 植物照明和植物营养等各领域的比例已超 54%，已申请、授权 120 余项国内外专利和多项涉及智能光照调控、人工环境闭环控制、植物工厂控制系统等软件著作权，其中多项技术已经处于全球领先地位。

对于四维生态，华桂潮有着时不我待的紧迫感。他将大量时间花费在植物工厂上，创业 31 年，他自觉从来没有像现在这般有着一股子热情。他经常五六点钟起来上网，了解国外同行动态，寻觅国内适合打造智能样板工程的地点。

近年来，四维生态的发展势头强劲。"短短几年，四维生态已经有了数亿元的项目落地，四维生态创新的农业 4.0 植物工厂解决方案，不仅实现了科技赋能农业，还跨界嫁接研学教育等产业。未来，四维生态无论是从市场规模还是社会价值，都会远远超过英飞特，这份事业一定是利国利民、造福人类的。"华桂潮笃信。

作为一家成立仅 6 年的企业，四维生态与生长在植物工厂里的种子一样，迎来春意正浓的好季节，拥有广阔的生长空间。眼下，华桂潮和他的四维生态，正走在工业化农业发展的最前沿，并不断推动现代农业与文化旅游相结合。每个熟知他的人都相信，他将用植物工厂逐渐改变人们对农业的传统认知，用科技力量引领四维生态成为全球植物工厂领军型企业。

成功秘诀

英飞特和四维生态，是华桂潮 2 次"退休"后 2 次"重出江湖"所打下的"江山"。从英飞特到四维生态，看似只是商业介质由 LED 到植物工厂的变化，实质上反映的，是一名浙商与时俱进、永远保持开拓精神的特质。

"品质"和"创新"这 2 个词一直是华桂潮的口头禅，也是创业以来刻在其骨子里的基因。他坚信：办企业不能只贪图眼前的利益，成为全球高品质供应商以后，自然会有一批坚定的客户。

创办英飞特时，他给公司取的英文名"Inventronics"，是"发明"的英文单词"Invent"和"电子"的英文单词"Electronics"的结合；而对于"四维生态"的命名，他的解释是，"三维"是垂直农场的形态，最关键的"一维"则是"科技"加成。在创业历程中，华桂潮始终都是一个极其看重技术更迭和发明创新的企业领导者。

执笔人：王超

正理生能："隐形冠军"的成长之路

企业档案

创始人：黄道德

创办年份：2000年

2003年，第一台空气源热泵诞生，次年建设完成的空气源热泵产品国家级实验室通过验收并投入使用

2008年1月，参与起草国家标准GB/T21362—2008《商业或工业用及类似用途的热泵热水机》

2010年11月，获评国家高新技术企业

2013年9月，空气源、水源双热源热泵热水器被列入国家创新基金项目

10月，参与起草国家标准《热泵热水机（器）能效限定值及能效等级》

2014年12月，相关产品荣获年度制冷行业产品创新奖

2015年12月，荣膺中国空气能十大领军品牌

2017年10月，企业空气源热泵研究院被认定为省级企业研究院

2021年，荣获工信部专精特新"小巨人"企业、浙江省隐形冠军企业、浙江省级绿色（低碳）工厂

2022年，博士后工作站获批国家级博士后科研工作站

  这是一家依靠科技创新而茁壮成长的"隐形冠军"——全国最大空气源热泵专业制造商之一、主导产品在国内细分行业中的市场份额达到10%、拥有国家级博士后科研工作站、累计拥有发明专利130多项……

  位于乐清湾临港经济开发区的浙江正理生能科技有限公司（以下简称正理生能），与当地众多电气产业企业迥异，20多年来始终深耕空气源热泵领域，掌握核心技术，打响自主品牌，从默默无闻成长为行业内的"隐形冠军""小巨人"。

  2023年6月下旬的一个雨天，记者走进该公司，探究其背后的成长之路。

这条路，凭科创拓宽阔

  空气能热泵技术是基于逆卡诺循环原理建立起来的一种环保、高效的节能技术。空气能热泵系统通过空气能（空气蓄热）获取较低品位热源，经系统高效集合后成为高温热源，用来供应热水或取暖，整个系统集热效率较高。

从环保及技术创新角度讲，这项技术可以减少温室气体的排放，减少对环境的有害因素，非常契合当下节能环保的高质量发展主题。

对于正理生能来说，走上发展空气能热泵行业这条路，不仅是"巧遇"，更有着对科技创新的渴盼。正理生能的创始人——董事长黄道德一开始是做电子产品的接插件起家，但同类产品竞争激烈，企业发展的道路该如何拓宽？黄道德不断在思考这个问题。在一次考察中，黄道德认识了上海某知名企业的工程师，在交流中了解到热泵的节能原理与市场前景。"正理生能需要突破，热泵的节能环保性能与广阔的市场前景一下子吸引了我。"黄道德回忆起当初的决定，依然坚定。

万事开头难，初创企业的发展并不是一帆风顺的。公司副总经理黄海燕回忆，产品出来后，市场一度不认可，"别说外地市场，进入本地市场也不容易"。最终的转机是，当地一家大医院要更换供暖设备，公司上下夜以继日地开展技术攻关，终于以过硬的实力赢得设计公司的青睐，"设备安装标准用的就是我们公司产品的数据"，正理生能得以成功中标并获得客户肯定，"这家医院的二期院区用的还是我们家产品"。

由此，正理生能的创新发展之路越走越宽阔——

正理生能相关产品2005年实现量产并推向市场；2008年参与起草国家标准《商业或工业用及类似用途的热泵热水机》；相关产品2008至2009年先后获国家发明专利、温州市科学技术进步奖一等奖；2010年至2011年跻身"国家高新技术企业"，荣膺"中国空气能热水器十大品牌"；中标上海世博会，第 26 届世界大学生夏季运动会；2021 年，获评工信部专精特新"小巨人"企业；2022 年通过国家级"绿色工厂"认定，为全国多地政府煤改清洁能源提供服务。

这条路，在极致处延伸

世上的路是靠人走出来的，企业的路也是如此。"现在真的越来越'卷'，产品都大同小异，没有金刚钻，揽不了瓷器活。"公司副总经理黄海燕很是感触。在同质化竞争激烈的当下，正理生能怎么突围？

海拔 3800 米的西藏昌都市类乌齐县，对供能设备要求特别高，对性能要求特别严苛。不久前，正理生能中标该县一新建酒店的冷暖供应配套设施，为其相应配置了多台 60P 的生能空气能冷暖两联供，满足了酒店 6000 平方米的冷暖需求。

正理生能中标的背后，是其持续不断地加大科创力度、推动产品具有过硬性能的努力。据黄海燕介绍，之前正理生能热泵供暖四大部件全部都是在外采购，现在除压缩机外，其他都是自己生产，"技术牢牢掌握在自己的手中"。此外，公司企业车间还投入了 3000 多万元建设生产线，引进全自动机器人焊接技术，在生产过程中实现品质闭环。同时创建大数据运维中心，为分布在全国各地的空气源热泵热水器保驾护航。

变小、变萌、变智能，是如今科技产品的发展趋势。生理正能出产的空气能机器也在变化中。"我们的产品，其实跟小米等科技产品类似，都能用App提前控制，也能用语音操控。"说起这些变化，黄海燕显得波澜不惊，"科技在日新月异，我们的产品也必须得跟上。"

技术的迭代升级，带来的是安全与高效。在温州医科大学附属第一医院新院区，正理生能的产品24小时不间断地为医院供能。有了技术的迭代升级，不管哪一台机器出现故障，远在乐清市的正理生能都可以做到远程监控、提前预判，并第一时间精准定位问题所在，让检修人员在最短的时间内排除故障，确保机器运行平稳。

"卷"起来的不只是产品。"说到科技创新，不单单是生产环节，我们的市场策略也在与时俱进、不断创新。"黄海燕笑着说，公司从单单卖热泵产品，到为客户提供整体供能解决方案，跟着时代进程不断进步。

其中一项技术引人注目，即"多能源耦合互补"。通俗点讲，该技术可以对客户原有的功能设备进行互补，从而降低能耗。举个例子，比如一家企业在生产过程中本身就产生了一定的"废水余热"，同时还需要强化供能，此时如果重新安装设备，企业负担会加重。正理生能则根据企业的具体特点，配合专属打造的热泵设备，"可以优化提升客户企业原有的能源甚至合理利用'废水余热'，既降低了能耗，又节省了成本，一举两得"。

这样的整体解决方案，既节省了资源的消耗，也降低了企业的成本，"客户对此非常认可。就拿高效供热这块来讲，我们的技术已经居于国内前列了"。黄海燕说，公司对深挖这一潜力特别有信心，"我们认为这是非常符合国家提倡的节能减排这一方向的"。

在全球以"双碳"为目标驱动的产业变革中，通过调研，公司发现全球热泵需求量巨大，"欧洲许多国家需求非常大"。正理生能目前正积极筹备进入欧洲市场，产品已通过欧盟认证，还为德国知名企业代工生产。开拓海外市场，对于原先只做国内市场的正理生能来讲，意义非凡。"省里在讲'地瓜经济'，我们也积极响应，在国内做研发，将核心部件掌握在自己手上，把产品卖到全世界。"

在总结正理生能 20 多年发展历程时，黄海燕用"迈过长江，跨过黄河，挺进鸭绿江，走向全世界"这生动形象的 18 字来概括，从长江以南到长江以北，再到东北三省，随着市场区域范围不断扩大，正理生能的产品技术应用也实现了从常温到低温，再到极寒地区的跨越，从沙漠到高原，再到雪地，正理生能一直在往极致处努力前进。每每"山重水复疑无路"时，企业都会用过硬的产品技术、优质的服务态度让自己"柳暗花明又一村"。

这条路，靠人才来护航

企业走科研创新之路，就离不开人才的支持。

正理生能 2022 年获批国家级博士后科研工作站，先后与天津大学、西安交通大学等众多知名高校开展深度的产学研合作，已联合培养博士后研究人员 2 人，为公司在空气能热泵系统关键技术、空气能热泵烘干等科研课题上取得重大突破。

原材料的不断更迭，也印证了人才之于科技创新的重要性。以制冷剂为例，公司从创业初期的氟利昂到"410"再到如今正在突破的"290"，每一次升级都是在人才支持下的科技创新。"氟利昂会破坏臭氧层，被国家明令禁止了；用'410'替换，还是有'热岛效应'，也不符合当下环保需求；最新的'290'属于纯天然介质，不会对环境造成污染。"黄海燕告诉记者，"290"是新型自然介质，能效高，无污染。

因此，公司特意与天津大学建立人才交流合作机制，国内相关领域权威专家马一太教授成为公司的技术顾问；公司还与很多高校的专家合作设置相关生产线，专门攻关生产这一技术。"我们的产线改造，还获得了蒙特利尔多边基金（为保护臭氧层而设立的国际环境基金）的支持，只要验收合格，一部分的费用便由该基金承担。"

正理生能的科技创新路径已然清晰：引进人才→技术创新→突破瓶颈→进入蓝海。比如，该公司已经"啃"下了高原极寒地区空气源热泵技术，"确保高原极寒地区能出80℃的热水，这一项艰巨的技术难关突破了热泵行业怕冷不怕热的技术瓶颈"。

"未来公司还将继续加大科研投入，计划每年招引2到3名博士，加大低碳环保节能产品的研究和开发力度，带动整体研发队伍的成长。"黄海燕说。截至目前，公司的研发团队拥有100多人，授权发明专利130多项。

征途在星辰大海，潮涌于壮阔山河。

采访结束时，淅淅沥沥的雨水止住了，太阳出来了。通向正理生能的道路，在正午阳光的照耀下，显得金光闪闪，分外耀眼。

成功秘诀

其一，依靠科研。20多年来，正理生能重视研发，建有国家级博士后工作站、省级企业研究院、省级企业技术中心、省级工业设计中心、省级高新技术企业研究开发中心，在创新研发的道路上不断做大做强。

其二，顺应需求，节能环保。在全球重视环境保护的今天，清洁的空气能特别受欢迎，行业发展前景十分光明。

执笔人：林明

绿源电动车：中国电动车发展史的见证者

企业档案

创始人：倪捷

创办年份：1997年

1997年，申请注册"绿源"商标；同年，第一代电动车成功上市销售

1998年，荣获"浙江消费者购物首选品牌"称号，主办并参与国家标准《电动自行车通用技术条件》的制定起草

2002年，作为行业首家，推出豪华款车型

2006年，在电动车行业内率先开创性提出统一、系统化的服务体系，即"绿源4CS服务体系"

2008年，作为行业首家，引入焊接机器人

2009年，北方基地正式投产，完成"南北共进，双翼齐飞"的布局

2012年，绿源电动车研究院成立

2018年，发布全新总战略，在安全、续航、防盗等方面推出数十项电动车核心技术

2021年，于行业内首创液冷电动车新品类

每年研发投入达亿元，曾被全球著名增长咨询公司弗若斯特沙利文公司授予"自主发明专利数量中国第一""产品消费者品质满意度市场第一"的认证。浙江绿源电动车有限公司（以下简称绿源）的发展历程，正是中国两轮电动车行业从无到有、从小到大、从弱到强的缩影，也是浙江民营经济勇于创新、顽强进取的企业样本。作为行业举旗者，它有何秘诀？

2023年3月20日，绿源液冷科技趋势暨新品发布会上，绿源电动车首度公布了全新一代液冷2.0系统和液冷技术趋势，同时公布了"全球首款旗舰"产品——搭载液冷2.0系统的百公里液冷全能旗舰S70系列，这标志着电动两轮车的旗舰时代正式开启。

与此同时，绿源针对东盟市场主推的车款S-30、极影、INNO9-Lite亮相曼谷展，体现东方工艺美学和业内顶尖技术的产品吸引无数参展观众和商家驻足试驾、洽谈合作，成为展会期间"最靓的仔"。

无论是先人一步推出行业首款重磅新车，还是率先海外出击抢占市场，绿源生动诠释了什么是"行业创领"者。2022年，绿源提出"一部车骑10年"的全新品牌定位，并携手国家摩托车质量监督检验检测中心

共同推动《电动两轮车耐用标准》的制定，开创了我国电动车行业耐用标准先河，引领电动两轮车产业从易耗品进入耐用品时代。同年，绿源实现了全年销量同比飙升50%的亮眼成绩。

"一部车骑10年"的底气从何而来？全球首款旗舰产品将会为行业带来怎样的风浪？从绿源27年来的坚守与创新中，可以找到答案。

一次创业：从"吃螃蟹"到"行业斗士"

在绿源展厅有一辆看起来与老款女式自行车极其相似的电动两轮车，这是1996年创始人倪捷和胡继红夫妇带领项目组，在不足15平方米的简陋地下实验室，历时3个月设计制造出的第一辆电动车并成功试骑。第一批共生产了20辆车，之后，绿源、千鹤、大陆鸽等国内一批专门生产电动两轮车的企业诞生，标志着中国电动两轮车时代的开启。

1997年，绿源向国家知识产权局商标局申请注册了"绿源"商标，寓意"绿色能源"与"与绿有缘"。同年，金华市人民政府发出"抄告单"，允许绿源电动车在金华按照非机动车进行管理，首批绿源电动车在金华试销。

1998年，绿源主办并参与国家标准《电动自行车通用技术条件》的制定起草工作，推动了1999年国家质量技术监督局发布《电动自行车通用技术条件》，为整个电动车产业规范和良性发展提供了引导，也为后续电动车行业的快速发展奠定了基础。1999年，绿源发起并参与制定电动车专用蓄电池行业标准。

在绿源成立前，国内两轮电动车企业是"星星之火"，但到2005年，"星星之火"不仅没有形成"燎原之势"，而且那些跟倪捷一起搞电动自行车的企业全垮了，究其原因，在于没有蹚过电动自行车的"电机坑"。

最初，倪捷也没有找到轮毂式电机的"正确打开方式"，一路摸索到2004年才发现了一种改进方法。2005年以后，轮毂式电机技术趋于成熟，绿源迎来大踏步发展阶段。2007年，金华绿源一年就生产了38.5万辆电动自行车，销售额达到6.8亿元，可同时生产100多款电动自行车，其中，热销款达二三十种。到2008年，公司第三期工程竣工，产能更是大幅提升，一个世界级的现代化电动车生产基地初步形成。

产业的快速发展伴随而来的是对电动自行车的争议。当其他厂商将重心放在产品营销上时，倪捷一头扎进了为两轮电动车"争取路权"的行动中，被同行称为"行业斗士"。

"2018年新国家标准出台，当绿源专注于帮助电动车行业在法律上取得路权的同时，行业迎来了短期的爆发。"于是，倪捷决定在完成行业使命后，将焦点重新放在企业上，重新为绿源找到发展方向。

二次创业：扎扎实实做技术

"没有销量就没有地位。"当倪捷回到绿源"重新创业"，研究绿源的二次发展道路时，他意识到，没把握学其他品牌请明星做营销，就必须走另外一条道路：扎扎实实做技术。

"一开始我苦苦追寻，什么才是把电动车做好的关键，后来突然发现电机才是耐用消费品的根本。"倪捷表示，电机之于电动自行车，如同心脏之于人类，一旦"心脏"衰老，人再怎么"美容"，亦无法挽回身体机能的全面衰老。

"电动车作为消费品，必须符合耐用消费品的属性，然后再去实现高端化。首先，两轮电动车的核心技术架构必须是好的，然后再增加时尚化的装饰、材料和智能化的功能。"倪捷表示，绿源选择再次从电机入手，意为推动电动车从易消耗品转变为耐用品，解决长期困扰用户的续航焦虑问题。

面对行业内同质化、价格战的恶性竞争，科技创新一直是绿源的终极答案。2020年，绿源自主创新研发的液冷黑科技横空出世，一举使两轮电动车从易耗品成功转型升级为耐用品，开创了产业向高耐用性升级的先河。

液冷电机采用的是绝缘冷却液散热技术，能将电机线圈产生的高温通过绝缘冷却液向铝毂盖导热。和普通电机相比，液冷电机内部温度可以降低30℃。同时，液冷电机还搭配上电机密封圈，防止异物进入。这样不仅有防尘防水防湿和防锈的作用，还能有效提高电动车的续航能力，大大提升了电动车的耐用性。

"以前，'发展是硬道理'；现在，'高质量发展是硬道理'。一部车骑

10年，这是我的理想。"在倪捷看来，两轮电动车的高端化竞争，不应只停留在外观层面；想要解决两轮电动车的同质化问题，需要从源头进行创新，这也是奠定产品高端化的基础。

为此，绿源深耕科技创新，每年在研发经费上的投入达到亿元级别，更以超过600项的专利在核心技术储备数量上遥遥领先，仅搭载液冷电机就有多达12项自主专利技术。

在原创技术上，绿源已然成为行业举旗者。在2023年浙江电动车车展上，全球著名增长咨询公司弗若斯特沙利文授予绿源中国电动两轮车行业"自主发明专利数量中国第一""产品消费者品质满意度市场第一"的双重认证。

在技术上斩获的成果，也让绿源在液冷全品类、全系产品方面得到反哺，顺利实现"All In 液冷"（全线布局液冷）。旗下S系列、Moda系列、INNO系列等的S30-S、极影S和S80-S等极速电摩类产品，都将配置液冷技术的高速电机。

截至目前，搭载液冷电机的绿源电动车累计销量超过800万台，2022年全年的销量同比增长了50%左右，是增长最快的一年。可以预计的是，随着电动车升级为耐用品，绿源在产品结构的多元化、车电分离的商业化，以及电动车的全球化方面会带来全新的格局。

在倪捷看来，绿源不仅是一家电动车研发生产企业，更是要做产业的"基础设施建设者"，不只要在技术端，更要在产业端不断发掘势能，托起以耐用型升级为主导的新一轮产业新周期。当下，绿源已经联手权威机构、52家战略供应商，携千人研发团队、6500余项技术专利正式组建了以液冷技术为轴心的品质联盟，代号"浪潮计划"——一场以"耐用品升级"为理念推动行业新一轮变革的"战役"正在路上，一个千亿级产业大增长时期即将到来。

成功秘诀

其一，坚定信念，认真调研，钻研技术，审时度势。始终以满足消费者需求为企业的目标和导向，让市场引领企业发展，靠技术领先同行企业。

其二，创业20余年，倪捷为电动车路权而辩，为电动车标准而争，为行业理论基础而钻，始终坚持深度原创、科技研发，解决了困扰电动车品质和性能提升的"卡脖子"问题，让电动车的未来有了更多可能。

执笔人：吴璇

麒盛科技：中国智能家居领跑者

企业档案

创始人：唐国海

创办年份：2005 年

2012年，获得国家高新技术企业证书

2015年，发布了第一代智能床；被浙江省知识产权局等认定为浙江省专利示范企业

2016年，和浙江清华长三角研究院共建的"浙江舒福德电动床研究院"被浙江省科学技术厅等认定为省级企业研究院；和浙江清华长三角研究院联合成立麒盛数据服务有限公司，共建睡眠技术研究院

2019年，在A股主板上市，获国际消费电子产品展览会创新大奖

2022年，获评浙江省第五批创新型领军企业；宣布投入6亿元成立睡眠产业基金，建立体质睡眠健康科学院

还记得第 24 届北京冬奥会火出圈的智能床吗？

2022 年 1 月 28 日，美国雪橇运动员萨默·布里彻在 TikTok 上分享了一则视频。"我有一些令人难以置信的东西要分享，"视频中，她将镜头对准智能床，轻按遥控器调节床头和床尾的角度，兴致勃勃地说，"我现在处于零重力模式，这真的绝了。"短时间内，该视频便获得百万点赞数，"冬奥智能床"和冰墩墩一样随即走红网络，一度冲上热搜榜。紧接着，环球网、人民日报、央视频、外交部时任发言人赵立坚等 180 多家媒体及大 V 转发了这则消息。

这张床，正是麒盛科技股份有限公司（以下简称麒盛科技）设计、生产的。在此次北京冬奥会、冬残奥会上，麒盛科技提供了 6000 多张智能床，为各国运动员和教练员的健康睡眠保驾护航。

麒盛科技成立于 2005 年，是国内最早一批从事智能电动床研发、设计、生产、销售的企业，也是当今世界上最大的智能电动床制造商之一。

19 年来，麒盛科技一直致力于帮助消费者"睡得着、睡得好、睡得健康"，公司依靠强大的技术积累实现了从电动床到智能床、从制造到"智造"的跨越式发展，产品远销 50 多个国家和地区，累计销售 1000 多万张。

让床会说话

"我们的一键入眠功能可以让你在 15 分钟内睡着"，说这话的是麒盛科技创始人唐国海。

20 世纪 80 年代，唐国海创立嘉兴汽车模具厂，后转向家具的移动零部件领域。2005 年，唐国海和几个美国朋友受电动沙发的启发，将电动沙发可调节的功能运用到床品上，成功开发出了可自由调节角度的电动床。凭借此前积累的经验和人脉，产品迅速打开了美国市场，并向欧洲发达国家市场进军。

2012 年的一天，麒盛科技德国销售经理夜晚在家中熟睡时突发心脏病意外离世，年仅 40 岁，正是身强力壮的年纪。这让唐国海深感痛心，"人的一生有 1/3 时间在床上，但人在睡眠的时候却是非常无助的"。

作为电动床领域的佼佼者，麒盛科技是否可以通过科技手段，在用户睡眠时为其提供监测和预警服务，从而减少心肌梗死、脑梗等突发性疾病造成的悲剧事件呢？唐国海思前想后，找来了浙江清华长三角研究院智能装备与技术研究中心，开始对智能床、传感器技术及健康睡眠大数据进行分析及应用。

2017 年，经过 5 年的苦心研究，双方成功研发出业界首创的第一代非接触式生理体征传感器，并应用推出第一代智能床。

智能床除物理抬升功能外，还可通过传感器和智能模块，动态监测用户的心率变异性（HRV）、心率、呼吸率、鼾声、微动、辗转、离床等数据，并形成睡眠干预、健康预警和健康报告，真正实现了"让床会说话"。

当智能床监测到用户打鼾时，会自动微微抬起床头，通过体位调节来缓解打鼾状况；当用户健康参数出现异常时，智能床会自动提醒事先设置好的亲友。"智能床是数字化时代的一个必然产物。未来，专家还会给出更多解决问题的方案。"唐国海说。

至此，麒盛科技完成了睡眠健康产业的基本布局，形成了两大系列产品——"ergomotion"和"舒福德智能床"。其中，ergomotion主打海外市场，以电动调节、一键零重力、震动按摩、语音控制等特色功能，聚焦于"助眠"——辅助睡眠；舒福德智能床主打国内市场，以睡眠数字化为核心，通过心率呼吸率监测、鼾声干预、健康预警、睡眠健康报告等健康功能，聚焦"优眠"和睡眠健康——优化睡眠。

"羽感级"科技

第一代非接触式传感器研发与应用的成功，让麒盛科技和浙江清华长三角研究院决定联合成立麒盛数据服务有限公司，共建睡眠技术研究院，并率先提出了健康大数据服务和睡眠健康理念。

2019年，又经历了几年的技术改进，第二代非接触式传感器问世。哪怕是一根羽毛飘落在床垫上，传感器也能实时感知，并反馈抓取到的数据信息。2020年的乌镇世界互联网大会上，央视记者的这个测试实验让在场的所有人惊呼不已。

智能床"羽感级"的震动灵敏度，是麒盛科技不断创新与投入研发的成果之一。说起这个非接触式传感器的研发，唐国海表示，"研究过程是非常痛苦的，前后耗时七八年，进行了无数次试验，花了五六千万元的经费"。

小小一张床，背后的科技含量可不小。最新数据显示，麒盛科技的"床"共有1019项专利，其中发明专利186项，涉及人体工程学、生命体征传感学、材料科学、控制科学、人工智能等多个学科。

智能床的研发设计不仅需要从外观风格、材质、色彩等方面着手，还要符合人性化、实用性的要求，达到形式和功能的统一。该项能力直接决定了产品的品质、用户的体验及市场的空间等。对此，唐国海称，我们对科研的投入、对科技人才的需求是没有止境的。

据悉，麒盛科技建有6950平方米的研发中心，拥有百人高科技研发团队。旗下的三大研究院——数据研究院、电动床研究院、企业创新研究院，每年花费占营业收入的5%左右。

同时，麒盛科技还与国内外大健康、人工智能、大数据应用领域的领军单位和企业开展广泛合作，现在全球拥有32个合作的研发团队，包括4个院士团队，以及超过20位来自麻省理工学院、牛津大学、杜克大学、清华大学、复旦大学等知名学府的外部专家。

此外，麒盛科技还拥有一个获得CNAS颁发的实验室认可证书的检测中心。该中心建设面积超2000平方米、累计投入超千万元。其中，为检测自家的传感器，公司专门投入约100万元更新升级仿真测试系统，研发了第一代睡眠传感器检测设备。每年，各种相关材料、电器、成品等3300个品类在此进行严格检测。在保证产品质量、产品功能的前提下，麒盛科技从设计端、材料端等全方位实现了碳足迹追踪，为客户提供环境友好、健康舒适的产品。

睡眠新经济

2014年，麒盛科技先后收购了美国奥格莫森有限公司（Ergomotion, Inc.）和南部湾国际有限公司（South Bay International, Inc.），产品在海外的销量进一步增加。为解决产能不足的问题，2019年，麒盛科技登陆A股募资筹建"年产400万张智能床总部项目（一期）"。"室内没有柱子，打造全流通的概念"，工作人员称唐国海亲自参与设计了数字化智能工厂。2020年9月，智能电动床总部项目（一期）正式投产，每天350万个零部件在工厂周转，自动化水平达到70%，居行业领先。

相比传统的劳动集中型生产模式，单人劳动年产值提升了87%，订单响应周期缩短40%，产能提高3倍有余。麒盛科技实现了"三个数字化"，即数字化制造、数字化产品和数字化服务。

优秀的研发设计水平和先进的生产制造能力，为麒盛科技赢得了更多的客户，现有主要客户包括美国知名床垫生产销售商舒达席梦思、泰普尔-丝涟，俄罗斯最大的床垫生产商Askona等国际知名企业。

近年来，为有效规避贸易风险、缩短供货周期，以外销为主的麒盛科技先后在越南、墨西哥等地创新设立了半成品装配工厂，建立了全球化的供应链体系。同时，麒盛科技积极布局国内市场。

2021年财报显示，麒盛科技的营业收入达29.67亿元，同比增长31.28%；其中国内营收1.27亿元，同比增长9.33%。

相对欧美市场的快速成熟期，该行业的国内市场处于刚起步阶段，但随着居民可支配收入的增加和消费观念的改变，市场潜力是巨大的。"数字化睡眠的赛道已经形成，如果我们不加速发展，就会被赶超。"唐国海说。

2021年，在创新养老服务方面，麒盛科技首创的"养医护"模式，依托其智能床设备，为老人在居家养老环境中提供健康监测、医疗照护、康复指导等专业服务。麒盛科技也因此入选工信部2021年智慧健康养老示范企业。

2022年，麒盛科技宣布与浙江省嘉兴市政府联合打造"中国睡谷"，培育发展睡眠智能家居制造产业，致力于打造"睡眠大健康"全链条产业的"硅谷"，并将主导参与"一岛两院三平台四中心"的睡眠创新载体项目。

"从睡眠数字化到治疗数字化，再到睡眠解决方案数字化，作为智能电动床生产商以及健康睡眠解决方案的综合服务商，我们的核心是数据服务。未来，'中国睡谷'的产业规模将达到1000亿元。"唐国海表示。

成功秘诀

> 小小一张床,大大一盘棋。
>
> "创新是很难的,要敢为人先",唐国海凭借赤手空拳,闯出了自己的一条路。
>
> 如今已年近古稀的唐国海,本早该退休,不用"折腾"了。但老当益壮的他依旧每天工作,乐此不疲。
>
> 干在实处,永无止境。他的坚持,成了一种使命、一种信念。

执笔人:壹新文化施娜、叶子

喜临门：中国床垫第一股

企业档案

创始人：陈阿裕

创办年份：1984年

1996年，研制出国内首张超声波袋装弹簧床垫

2000年，国内第一条全自动床垫生产流水线投产使用，年产能达50万张；加入国际睡眠产品协会

2006年，建成年产100万张床垫生产流水线，产量居全国首位

2008年，与北京大学运动医学研究所等合作成立喜临门健康睡眠研究中心（后改为喜临门睡眠研究院）；同年，成为床垫行业首家获得高新技术企业认证的企业

2012年7月，在A股主板成功上市

2016年，成为亚洲生产规模最大的床垫企业；喜临门家具研究院升级为

国内床垫行业省级重点企业研究院；喜临门院士工作站被评为浙江省院士专家工作站、国家级示范院士专家工作站

2020年，历经9年研发，发布Smart 1智能床垫，该产品获得107项专利，是国内专利最多的床垫单品；获"双11"床垫类目多维度第一

2022年，由中国社会科学院社会学研究所联合喜临门睡眠研究院主编、社会科学文献出版社出版的《中国睡眠研究报告（2022）》在北京发布，这是第一部全面反映中国人睡眠状况的学术出版著作

2023年，加速产品研发创新，联手诺贝尔物理学奖得主共同打造Ai空气能助眠床垫，有望延长人类深睡时长37分钟；作为国家体育总局训练局备战保障产品支持国家队运动员备战杭州第19届亚运会，获国家体育总局感谢信

2024年，标配喜临门床垫的首艘国产大游轮启航；获颁浙江省新年首张海关AEO（经认证的经营者）证书

2023年，企业上半年实现营业收入38.05亿元，同比增长5.53%；归属于上市公司股东净利润2.22亿元，同比增长1.2%，品牌盈利能力进一步凸显。这是"中国床垫第一股"、家居龙头企业喜临门在2023年8月8日，亮出的上半年出色成绩单。

喜临门在半年报中提到：下半年将积极以实质举措，响应提振家居消费、助力美好生活的号召，全面深化推进"睡眠升级"，喜临门的前方仍有星辰大海。

破旧立新走向智能化

时至今日，喜临门的"神话"故事还在浙江省绍兴市越城区的街头巷尾传播。有人说，这里诞生了中国床垫第一股，这里代表了中国床垫的"发家史"……这里还有着床垫的多个"首次"。

时间回到1984年，喜临门创始人陈阿裕用仅有的1000元钱，办起沙发作坊。

20出头的陈阿裕也不是从一开始就决定创业的。在创业前，他从工厂的工人、会计起步，凭借着能力和见识，一步步当上绍兴市越灵软垫厂的厂长，但他并未止步于此。

1984年，陈阿裕和两个朋友合伙，每人出资1000元，在自家门前10多平方米的地方，办起了沙发作坊，开创了现在喜临门企业的"雏形"。

白手起家的陈阿裕还不清楚什么是企业，什么是创业，但唯独对2件事很上心：一是产品质量，二是产品设计。求新求变的他喜欢鼓捣"新玩意"，到大城市考察研究沙发的最新流行款式，及时更新自己的设计。

在发展过程中，喜临门逐渐聚焦到床垫这一核心品类，心无旁骛坚守主业。

正如陈阿裕所说，床垫可谓是万千百姓的健康管家。如果没有专注的精神，怎么能做好一张床垫？

一代代更新的床垫，在其手下不断"诞生"：从第一代睡眠系统告别硬板床开启弹簧床垫时代，到第二代睡眠系统开始运用排骨架等人体工程学内容，进入贴合人体结构的手动调节时代，再到不仅符合人体工程学，同时兼顾睡眠环境学，并采用智能化技术的第三代智能化健康睡眠系统，喜临门一直引领着行业发展。

20世纪初，床垫进入中国百姓家庭，陈阿裕思维敏锐，倾尽积蓄引进床垫生产线，让好床垫的生产速度与时代"共舞"。

此后，"踏实做产品，规模化生产"成为他的座右铭。

2005年，喜临门成为当时浙江省唯一一个获得中国驰名商标称号的家具类注册商标；2012年，喜临门在A股主板成功上市，成为国内床垫行业首家上市公司。

在行业人士看来，喜临门早已是床垫品类的代名词。

陈阿裕开始琢磨起来："床垫有了，什么才是好床垫？"他经常把几句话挂在嘴边："企业不断迭代，新产品加速推出。技术迭代越快，越应该关注消费者，让产品有情感、有灵性。"

事实上，喜临门在过去40年间始终致力于让国人享受到"深度好睡眠"。

从2012年开始，喜临门便针对国人睡眠行为开展调查，并连续12年推出相关报告。喜临门联合中国社会科学院发布的《中国睡眠研究报告》，早已成为人们一年一度的"睡眠成绩单"，映照了时代变迁下国人睡眠状态的变化。

从2014年起，喜临门启动对智能床垫的探索，加快智能产品研发速度，推出了多款智能睡眠产品。2020年首发的Smart 1智能床垫能够提升17分钟深睡时长。

2023年3月，喜临门联手诺贝尔物理学奖得主乔治·斯穆特博士共同打造Ai空气能助眠床垫。该款床垫能为客户从深睡监测、睡前引导助眠、空气感律动、极致静音、抗菌防螨抗病毒等多个维度提供全睡眠周期的整合体验，将有望为客户延长37分钟的深度睡眠时间，成为全球睡眠领域首次应用诺奖科技的产品。

的确，创新突破已成为喜临门发展中离不开的关键词，一张普普通通的床垫上，蕴含着种种"黑科技"。

喜临门的净化甲醛技术，是与中国科学院生态环境研究中心合作研发的，经国家家具及室内环境质量监督检验中心检测证明，喜临门净眠系列产品的甲醛释放量低于国家标准100倍；喜临门"气体弹簧及其在床垫中的研究与应用"被授予科技发明二等奖（部级奖励），运用首创气体弹簧科技，助力一体化睡眠，真正定义智能护脊和健康睡眠……

作为领跑者，更要肩负起行业提质的责任。

作为行业标准核心贡献者之一，喜临门主导制定了近30项标准，参与制定家具领域首个国际标准ISO19833:2018，并作为主要起草单位完成国家轻工行业标准《木制宾馆家具（QB/T 2603-2003）》和《软体家具 弹簧软床垫（QB/T 1952.2-2011）》《软体家具 弹簧软床垫（QB/T 1952.2-2023）》等几十项国际、国内、行业和团体标准。

线上线下渠道共"开花"

造产品，如同"修仙"。没有千百年的苦心修炼，不可能得道。好的产品，如果执着于"酒香不怕巷子深"，迟早会与社会"脱节"。

在创业过程中，陈阿裕的态度是积极的，在某种意义上，更是"先进的"。

1988年，其注册了"喜临门"商标；同年7月，更是率当时风气之先，斥资100多万元，邀请香港明星沈殿霞担任产品形象代言人，将"喜临门"三个字传遍大江南北。在此后发展中，喜临门也曾邀请国际巨星巩俐为自己代言。

如今，"国民男神"杨洋为喜临门品牌全新代言人，实现了现代时尚与经典国潮的破壁融合。

让明星当产品代言人的同时，喜临门的线上线下门店也在逐步扩张中。诚然，当时家居企业的渠道竞争已处于"肉搏"状态：各大品牌在零售、酒店、电商、出口以及工程等渠道都有排兵布阵。

喜临门发现，过去，床垫行业营销竞争的关键词是开店，强势品牌不断从"小散"处虎口夺食，树立形象，逐渐成长为领导型品牌；未来，营销竞争的关键词是渠道深耕。

据喜临门品牌方相关负责人介绍，早在此前喜临门就先知先觉，提早做了布局，通过"N+1"实现了"融渠道"布局，进一步扩大了五星级酒店的覆盖率。战略上，坚持品牌领先不动摇，重点从谋求市场份额的快速提升，切换到了精耕细作、锐意进取的发展轨道；产品上，通过与国内护脊专业机构、互联网医疗平台和医生专家合作，对何为科学睡眠、如何保护脊椎等方面进行论证，比如和互联网平台"丁香医生"在用户研究、产品研发和睡眠等领域展开合作；传播上，一方面加强在国家级权威媒体上的投放，另一方面通过寻找战略合作App、新媒体平台等进行深度话题定制，和苏宁电商、小米等企业开展合作等。

此外，在线上渠道方面，喜临门布局多品类经营，与天猫、京东、苏宁易购等核心电商平台形成深度合作，并重点布局抖音、小红书、Bilibili等新消费平台，搭建"种草"媒体效果评估体系，报告期内平台转化效率明显提升，数字化转型建设初见成效。此外，喜临门提前布局商超、家电、家装、社区等新渠道，简化交易场景，发掘新增量。

无疑，正是这种对品牌和传播的重视，让喜临门在商海战术中，打了个漂亮的"先行战"。

随着自主品牌稳健发展，线上线下渠道联合发力，喜临门在电商平台继续保持床垫类目第一，2023年6·18的销售额近10亿元……

拥抱线上线下全渠道的喜临门在市场端获得了认可。

来自喜临门方面的数据显示：喜临门及旗下喜眠、M&D（含夏图）自主品牌专卖店数量5000多家，超2000家星级酒店等单位采用了喜临门床垫。在电商方面，喜临门全平台覆盖线上消费群体，随着新零售模式、线上线下整合营销的逐渐兴起，公司强化多元化引流体系，助力终端销售。在出口方面，喜临门率先获得国际ISO9001质量管理体系、ISO14001环境管理体系、OHSAS18001职业健康安全管理体系认证，也是中国首个获得欧盟CE认证和美国CFR1633防火认证的床垫企业。2024年伊始，绍兴海关向喜临门颁发了浙江省新年首张AEO证书；在整装定制方面，喜临门与行业龙头尚品宅配、欧派、索菲亚签署了战略合作协议。

尤为值得一提的是，2023年以来，喜临门抓住消费复苏机遇全面发力，推动业绩稳步增长。截至目前已累计10次获得中国品牌力指数（C-BPI）床垫第一品牌；持续加强线下渠道建设，推动门店精致化，全面提升线下门店终端品牌一致性；瞄准存量房市场，积极开拓社区渠道，抢占前端客流，拉动新需求。

一路走来，沉浮40载，陈阿裕对喜临门的未来，越来越有信心。

他认为，床垫消费的提升意味着国人对生活品质追求的进步，这种追求将会随着中国综合实力的增强而不断改变。"喜临门会带着初心，以不断更新的设计理念，向观众展示超现实主义视觉美学，刷新大众对睡眠科技的认知。"

成功秘诀

> 从浙江"小作坊"到"床垫第一股",靠的是什么?
>
> 陈阿裕认为,靠的是坚守初心,聚焦床垫行业,始终带着不服输的劲头去做事。聚责聚力,专注专业,这是企业之道;以人为本,做到极简极致,这是产品之道。
>
> 喜临门40年如一日,以极致精神造产品,以专业态度做企业,用40年的专注,将喜临门锻造成为中国的"床垫大王"。

执笔人:谢盼盼

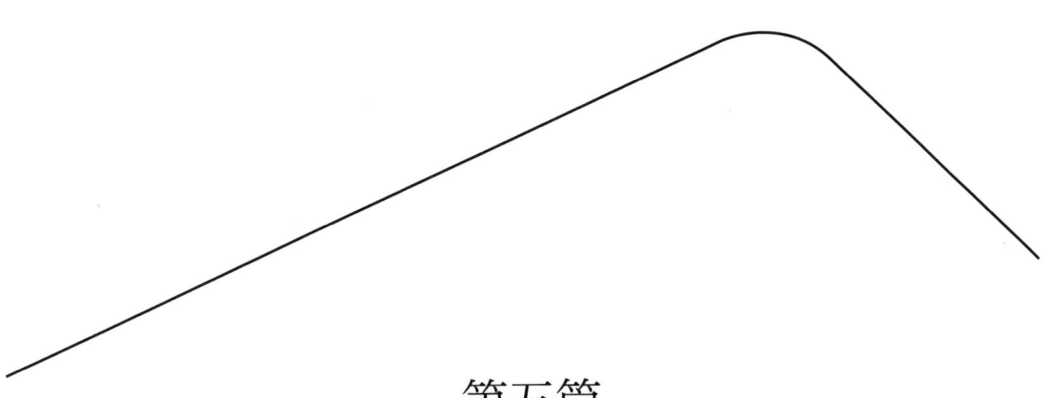

第五篇

先进制造：强国建设之路

浙江邮电：老国企唱响青春之歌

企业档案

带头人：丁春风

创办年份：1959年

2001年，浙江省邮电建设工程局与杭州市电信工程有限公司强强联合，组建浙江省邮电工程建设有限公司

2009年，吸收合并浙江省电信科学技术研究所

2013年，兼并重组浙江省邮电器材公司杭州设备分公司

2020—2021年，荣获中国建设工程鲁班奖

2022年，吸收合并浙江省通信产业服务有限公司网络科技分公司

一家成立于1959年的老国企，竟然又焕发出了勃勃生机，这离不开火车头的澎湃动力，更离不开机制创新和国内国外两条腿走路的新打法。在浙江省邮电工程建设有限公司（以下简称浙江邮电），党委书记丁春风带领着已过花甲之年的老国企，闯出了一条新路子。

如今的浙江省邮电工程建设有限公司，是中国通信服务旗下的核心战略单元，注册资本5.63亿元，员工数超1万人，具备通信工程施工总承包一级、涉密信息系统集成资质甲级、机电工程施工总承包一级等多项工程施工顶级资质，并多次获评国家优质工程金质奖、中国建设工程鲁班奖，部级优质通信工程一等奖、二等奖等。2014—2022年，公司业务收入从20.71亿元增至71.10亿元，增长2.4倍。合同量从22.4亿元增至103亿元，增长3.6倍。

亏300万元我也要锻炼出一支铁军，没想到"捡"了300万元

1991年，从南京邮电学院毕业后进入杭州市电信工程有限公司的丁春风是个老通信人。2014年，他刚接手浙江邮电时，这艘巨轮已略显疲态。前期处于高速发展阶段的浙江邮电参与的某运营商网络建设项目进入尾声，企业遇到了较大的发展瓶颈，海外市场也遭遇低谷，在其他行业的业务尚未大规模展开，导致广大员工的利益一度无法得到保障。

2019年，作为华东单体最大、浙江省五个"千亿级"重点项目之一

的杭钢云计算数据中心项目开始招标(以下简称杭钢项目),丁春风觉得这是企业转型的一个千载难逢的好机会。

"当时从严格意义上来说,杭钢云计算数据中心项目的报价无法通过邮电上级公司的毛利规定以及风险管控。"丁春风表示,但他觉得对于杭钢项目不能只盯经济效益,当时公司在数据中心方面的能力几乎为零,而这个项目涉及几十个系统、几十个专业,工作界面更是错综复杂,如果有机会担任这个项目的总包方,就能快速提升公司在数据中心领域的专业能力和品牌口碑。为此丁春风力排众议,把项目拿了下来,用他自己的话说:"杭钢项目是个练兵场,哪怕亏300万元,这样的'破圈'机会也绝不可错过。"所幸的是,杭钢项目因为规模效益让企业在供应链管理中有了一定的话语权、作为供应商的议价能力得到提升,再叠加全过程的精细化管理和有效的激励办法,最终企业获取了300万元的盈利。

虽然结果令人欢欣鼓舞,但过程也异常艰辛。"记得当时工地还没通电,我们的员工就直接住在工棚里,所有人都放弃了自己的休假,连续几个月拼在一线。"类似这样的故事比比皆是,浙江邮电的铁军精神在杭钢项目中发挥得淋漓尽致。丁春风说:"杭钢项目中的浙邮人聚是一团火,散是满天星,他们会点亮更多项目。"确实如此,杭钢项目虽已结束,但"杭钢精神"生生不息、延绵不断。项目结束后,参与员工被分配到了其他各项目部,成了公司中独当一面的中坚力量。

杭钢项目带来的飞轮效应远不止这些,继杭钢之后,公司一下子打开了数据中心业务的任督二脉，陆续承接了杭州烟草、普洛斯、世纪互联、阿里巴巴、百度、吉利、宇视科技，以及运营商、银行体系等一系列大型数据中心项目，进一步汇聚了更为丰富的数据中心服务商、更为优质的产业链合作伙伴。

杭钢项目的突破为公司的发展添上了浓墨重彩的一笔，经过多年的行业沉淀，如今的浙江邮电已成长为数据中心领域的平台型企业，而"杭钢精神"也将推动着企业向着更宽更广的业务领域乘风破浪，加速前行。

不断"划小"考核单位，强化员工激励

2014年，浙江邮电的市场还基本在浙江省内，省外的业务收入只有1亿多元。但到了2022年，公司的省外业务收入已达到了29亿元，翻了20多倍。业务的快速增长，离不开丁春风带领的浙江邮电管理层的大胆变革和充分放权。

当时，全国的邮电系统基本还是老思路，固守于做好本省运营商的第三产业服务，并没有"走出去"的魄力和胆识。2014年10月，国内某大型运营商在全国首次开启集采业务模式，当众多企业还在探究这一新的业务模式时，丁春风已经凭借敏锐的市场洞察力发现这是公司顺势外拓的突破口。他当机立断，及时介入，当其他厂家都还是按照国家定额的价格打折报价时，浙江邮电果断以"基于成本价+利润"的方式报价

了。"这种基于市场成本的报价,不仅使我们直接成了全国集采第一名,也让浙江邮电实现了全国业务的覆盖。"

果断睿智的决策带来的成果不断刷新着浙江邮电的市场占有率,为了适应市场需求,公司的人员体量也不断攀升,对于一家员工过万的企业来说,人的管理无疑是一大难点。虽然是国企,但公司早在 2014 年就打破了"铁饭碗"的惯性思维,全面推行"划小"核算工作,绩效根据员工的工作量来确定,实行内部承包经营机制,并随着业务的发展不断优化、迭代,配套岗薪脱钩、公司基金、飞跃人才等举措。在这种考核机制下,有的工作出色的普通员工年薪都已过百万元。"我们就是要打造金领,通过强激励让员工取得合法合规的高收入,让金领成为标杆,成为人人羡慕又争相学习的对象,不断提升员工的战斗力。"丁春风说,对人的管理上,他始终坚持人员能上能下,能进能出,打破人员"板结"问题,让人员随着业务发展流动起来,激活人才内生动力。

在丁春风的办公室电脑上,记者看到一个智慧办公系统,打开可以看到全公司 1 万多人的工作状态、收入情况和业务的订单追踪等。"通过信息化,我们实现了所做即所得,每个人的工作量就决定了他的收入水平,虽然我们无法做到绝对的公平,但借助信息化手段至少能达到相对公平。"记者看到,系统显示有一个班组目前的毛利润为 –145 万元,项目预期毛利润为 259 万元。"这说明班组垫付了 145 万元,项目回款较慢,得督促他加紧催款了。"

信息化的另一个好处是精简机关人员。2014 年，浙江邮电的管理职能人员有 120 多人，现在业务从 20 多亿元增长到 70 多亿元，但职能人员反而只有 80 多人。"通过内部流程优化，效率提升了 50%，原则上处于待审批的流程，职能部门在 24 小时内必须回复。通过流程的快速响应，部门间的篱笆墙也被推倒了。"

自 2014 年以来的 10 年间，在颠覆成本创新、以未来决定当下、绿化中国、市场引领技术引爆、做好战略规划等多项战术指引下，浙江邮电不断修炼内功，增强外拓张力，形成了具有公司特色的企业文化。也正是因为企业注重长期主义的内外修炼，哪怕在疫情防控期间，公司业绩依然稳中有升，员工收入不减反增。丁春风表示，作为企业经营者，为企业争取生存空间，让员工的工作生活更有尊严，是他始终秉承的企业经营理念。

海外市场是一片蓝海，靠一笔 1% 的利润单子迎来沙漠新绿洲

2003 年，浙江邮电接到了一个国内头部厂商递过来的"船票"——去沙特阿拉伯维护网络。"当时国内的网络维护单子，一天一人成本 2000 元到 3000 元，但这个厂商给出的价格是一天 27000 元。我们毫不犹豫地接单了。"丁春风告诉记者，这是他们第一次走出国门，从此开启了长达 20 年的海外逐梦之路。走出去才发现海外的市场就是一片蓝海，处处都

充满着机遇。未来无限可期,当时还只是副总经理的丁春风就在心中默默种下了一颗"海外梦"的种子。

他看到利雅得街头的挖土机和边上布设管线的维护人员时,特别羡慕。"要是这支挖沟埋缆的队伍是我们的就好了。"这个"海外梦"支撑着浙江邮电越走越远,现如今浙江邮电已成了沙特最大的通信技术建设公司。

但跟着头部厂商出海,还没学会驾驶船,突然船就"翻"了。因为这家头部厂商实施了新的战略,网络维护这块业务直接被砍掉了。"我们员工还在海上,船却突然没了,当生存都成为问题时,我们的潜能才会被无限激发。"丁春风说,为了解决生存问题,为了养活团队,他们在当地果断注册了一家公司,硬着头皮开拓市场。语言不通就勤练多说,看不明白当地的招标条款就没日没夜地死磕,这是一段特别灰暗又充满传奇色彩的经历,也是海外团队飞快成长的过程。

"带我们出海的船长走了,那我们就自己留在沙特阿拉伯。"丁春风说,他们接的第一个单子,是一家外国运营商的管线业务,由于利润太低,没有厂商愿意接手。"经过最初的测算,这个项目可能要亏20%。于是我提出了可以压缩管理成本和财务成本,只要咬咬牙接下这个单子,或许我们就找到了活路。"最终在丁春风的坚持下,公司接下了这个项目,结果不仅没亏损还盈利了1%。"客户对我们也非常认可,这是一笔具有划时代意义的单子,彻底打开了我们的海外市场。"丁春风说。

海外市场的成功，不仅是公司管理层的大胆创新突破，也展现了一批批优秀的海外团队不懈奋斗的最佳成果。

现在浙江邮电已经成了沙特阿拉伯最大的通信技术建设公司，还慢慢变成中国通信服务最大的海外平台，覆盖了中国通信服务 2/3 的业务，并在中东、非洲、东南亚等多个地区拥有分公司和办事处，业务范围辐射全球 22 个国家。作为一家平台型公司，浙江邮电不仅可以让海康、大华的安防产品走出国门，还帮助国内的软件、智能电表出海，从设备商的"打工人"成功逆袭成为设备商的甲方，为全球各大通信运营商、通信设备制造商、政府及企业客户提供全方位、多元化服务。仅 2022 年，浙江邮电的海外合同业务营收就达到了 17.53 亿元，占中国通信服务海外业务营收的 40%。这几年，公司更在海外"双碳"、电力及综合智慧等领域实现多项突破，成功进军沙特阿拉伯电力圈、光伏圈和阿联酋新能源市场。

"海外就是'流着牛奶和蜜的应许之地'，这么多年，无论内外形势如何变动，我们始终坚持高举'走出去'大旗，坚定不移地做海外业务，这不仅是在践行国家'一带一路'倡议，更是企业高质量发展的必由之路。"丁春风表示，在自己及一众海外人的努力和坚持下，今天的海外业务已经成为浙江邮电的战略高地，是独一无二、不可复制的存在，也是企业的压舱石。

在丁春风及管理层的带领和掌舵下，公司完成了一个又一个华丽转型，丁春风说这要归功于企业家精神。真正的企业家精神，不是在发展顺顺当当的时候一马当先，而是在形势出现逆转、市场出现波动、环境出现恶化的时候，能够逆风翻盘。具备企业家精神的不仅仅是一把手，所有躬身踏入这一浪潮中的人都具备这种精神，从杭钢人、到海外人、再到浙邮人，他们的身上都有这样的精神。

正因为丁春风对这份事业近乎执拗的坚持、发自内心的热爱，以及海纳百川的胸怀，才能带动越来越多的人有企业家精神，才能带领企业上下跑出高质量发展的"浙邮速度"，蹚出一条具有浙江邮电特色的国企改革创新发展之路，不仅让浙江邮电成为通信施工领域的一根标杆，也让每一位浙邮人都收获了一片阳光。

成功秘诀

> 65岁的老国企焕发青春，秘诀是：
>
> 第一，发挥企业带头人作用。第二，对内完善考核激励机制，激发员工工作激情，公司8年业绩翻2.4倍。第三，对外高举"走出去"大旗，海外市场很广阔，要坚定不移地做海外业务。

执笔人：张云山

万里扬：走好科技创新自立自强路

企业档案

创始人：黄河清

创办年份：1996年

1996年，金华市清华实业有限公司成立（公司前身）

1999年，开始研发制造汽车变速器

2003年，浙江万里扬变速器有限公司成立

2008年，浙江万里扬变速器股份有限公司成立，收购山东临沂临工汽车桥箱有限公司

2010年，在深圳证券交易所成功上市

2015年，收购吉利汽车手动变速器（MT）业务，开始进军乘用车手动变速器市场

2016年，更名为浙江万里扬股份有限公司，收购芜湖奇瑞变速箱有限公司

2018年，自主研发的全新一代无级变速器（CVT）25正式下线，开始全面进军乘用车自动变速器市场

2019年，汽车零部件智能制造项目落户金华市婺城区飞扬小镇

2020年，CVT产销量突破100万台

2021年，商用车变速器产销量突破1000万台

2022年，新一代重卡变速器下线，CVT产销量突破200万台

2023年，智慧星自动变速器（AMT）下线

经过数十年如一日的努力，万里扬股份有限公司（以下简称万里扬）结出累累硕果。在商用车变速器领域，万里扬产品销量在全国中轻型商用车变速器市场占有率连续10多年稳居第一，其中G系列产品更是多年占据高端轻型商用车变速器市场60%以上份额；截至2022年底，商用车变速器销量累计达1100万台。凭借出众的市场表现、强大的创新能力和过硬的产品质量，万里扬相继获得国家技术创新示范企业、国家火炬计划重点高新技术企业、制造业单项冠军示范企业等多项荣誉。

2023年4月18日，以"拥抱汽车行业新时代"为主题的第二十届上海国际汽车工业展览会在国家会展中心（上海）盛大开幕，万里扬携8款汽车传动系统精品闪耀登场，其中DHT30、ECVT、10AG120、6AS46、6HG55、10AG120的产品技术均属国内首创，填补了国内该领域的技术空白，实现了自主技术的全新跨越。

8月17日,万里扬智慧星AMT产品发布会在浙江金华万里扬飞扬小镇生产基地隆重举行,活动以"高效低碳 智慧传动"为主题,发布了4款具有国际领先水平的智慧星AMT系列新品,是中国商用车产业向电动化、智能化和低碳化发展的又一重大成果,为中国汽车实现换道超车,加快汽车强国建设贡献了力量。

2次精彩亮相,充分展现了万里扬强大的研发能力和领先行业的发展优势,以及万里扬"始终致力于振兴民族汽车工业,成就客户造车梦想,贡献中国品牌力量"的发展理念。

"不管什么技术,只有掌握在自己手里才不会被别人牵着鼻子走,这也是我们民族企业的发展方向。"对于即将迈入"三十而立"的万里扬,创始人黄河清有着自己执着的信念:走好科技自立自强之路!

树高叶茂,系于根深。科技创新永无止境。从始创时的"一台机床两间房"的作坊式小厂,发展到今天已拥有20多家全资或控股子公司,形成以浙江金华为中心,安徽芜湖、云南曲靖等为基地的跨区域企业,成为国内首家完成包括手动挡、自动挡、新能源汽车在内的轿车、SUV、微卡、轻卡、中卡、重卡、客车等变速器研发和生产的企业。万里扬正以一场深刻的创新变革劈波斩浪,驶向新时代高质量发展的壮阔海洋。

从"跟跑"到"领跑":矢志振兴民族汽车工业

时间追溯到1996年,乘着改革开放的春风,黄河清与妻子吴月华创办的清华实业有限公司（万里扬前身）在金华市婺城区白龙桥镇洞溪村诞生。怀抱着振兴民族汽车工业的梦想，万里扬不满足于汽车齿轮的加工业务，开始潜心研制汽车变速器。

"习近平总书记指出，创新是引领发展的第一动力，是国家综合国力和核心竞争力的最关键因素。重大科技创新成果是国之重器、国之利器，必须牢牢掌握在自己手上，必须依靠自力更生、自主创新。"[1]黄河清说，万里扬的发展始终紧抓自主创新不动摇，敢于瞄准前沿技术和关键领域持续创新，实现了从"跟跑"到"领跑"的跨越，从而保证了企业在激烈的竞争中立于不败之地。

中国汽车产业起步晚、基础薄，在变速器的研发上一直被别人"卡住脖子"，而自动变速器的发展更是落后。

面对国产变速器的技术落后局面，黄河清很不甘心，就想打破这种国际垄断局面。

2000年左右，凭借能吃苦、敢借鉴、肯钻研的劲头，黄河清带领万里扬研发团队成功研制出了属于自己的首台商用车变速器——QH140。在研制过程中，黄河清深深体会到了国内的产品技术与国外的差距，更意识到了自主创新的重要性，坚定了把创新作为引领企业发展第一动力的信念。

近年来，万里扬聚焦中国汽车产业发展前沿领域，频频创造多个"首次"，填补领域空白。在商用车变速器领域，中国首款轻卡AMT、中

---

[1] 习近平.抓住培养社会主义建设者和接班人根本任务 努力建设中国特色世界一流大学.人民日报，2018-05-04.

国首款集成式商用车混合动力变速器、中国首款中卡和准重卡10档集成式AMT相继在万里扬诞生,填补了国内市场空白。

在乘用车变速器领域,万里扬顺应汽车行业高效节能趋势,加速推进新能源汽车纯电驱动系统的研发,国内首创的宽速比、无级变速、多模式混合动力专用变速器(DHT)系统,突破了国外技术壁垒,是目前市场上具有最多工作模式的混动系统,在动力性及经济性上具有明显优势。同时,EV减速器、二合一等产品已于2020年、2021年相继上市,体积更小、效率更高的三合一、六合一等产品也陆续投放市场。

从传统燃料汽车变速器,到混合动力汽车驱动总成,再到纯电驱动系统的研发,万里扬紧跟新时代汽车发展趋势,努力推出代表行业领先、市场需要、客户满意的产品,不断实现"从0到1"的突破,始终奔跑在创新路上,目前公司已经拥有国家认定企业技术中心、省级重点企业研究院、省级博士后科研工作站、CNAS认可实验室等,承担10余项国家重点新产品开发和省级重大科技攻关项目,拥有各类授权专利500余项,形成多个系列、数百个品种、千余款产品,技术创新能力和整体水平步入"国家队"行列。

从制造迈向"智造":打造全球先进汽车零部件制造基地

2022年1月,在新春致辞中,黄河清向全体员工发出了"坚决打响万里扬品牌，决战决胜高质量发展"的号召。

"工欲善其事，必先利其器"，优质产品的诞生离不开智能制造。近年来，万里扬加快推进数字化转型工作，紧紧把握工业互联网、大数据、云计算、人工智能等新一代信息技术加速发展的趋势，推动制造业与信息技术的深度融合，通过对智能制造、财务管控、供应链管理、产品工艺研发和组织运营五大核心业务领域的能力升级，赋能公司高质量发展。

公司在内部和上下供应链实现全过程信息化自动实时识别，做到产品全过程质量可追溯；3D虚拟工厂实时监控实体工厂的生产状态，包括产品信息、设备状态、生产节拍等，使质量管控更加透明；智能设备大大减少了生产线对人工的依赖，员工每天只要手握遥控器监管机器人的运行状态即可，不仅使生产效率得到提升，产品质量也更加稳定。公司入选工信部组织的国家智能制造试点示范项目，并获得"浙江省企业数字化领军企业奖"。

同时，公司紧紧围绕智能制造前沿的新装备、新技术，加强对技能人才的培养，实现内部人才结构的不断优化。创办劳模和工匠工作室，以物质奖励和精神鼓励相结合的方式，让更多高技能人才扎根基层，营造工作中争当劳模和工匠的良好氛围，形成了一支网络工程师、电气工程师、运维工程师、机电工程师等专业化人才"硬核"队伍，为万里扬智能制造提供人才支撑。

"没有增长就是倒退，没有走在前列就是风险。"黄河清也这样告诫员工。

2015年，已经在商用车变速器领域全面开花结果的万里扬，又大举进入乘用车变速器领域，迎接新的挑战。当时尽管中国乘用车销售市场巨大，但进口供应商却牢牢掌握着乘用车自动变速器的定价权；国内汽车厂商需要的产品全部依赖进口，成本很高。

为了解决这一"卡脖子"的难题，万里扬自主研发了新一代CVT。凭借与外资品牌水平相当的产品性能和质量、显著的成本优势，万里扬CVT快速打开了市场，2019年开始大规模配套奇瑞、吉利和比亚迪等相关车型。此举不仅打破了外资品牌对中国市场的垄断，还大幅拉低了外资品牌自动变速器的配套价格，实现了国产化替代。

"世界十佳变速器"是世界首个变速器领域的专业评选，万里扬自主研发的新一代CVT25，各项指标比肩国际一流产品水平，具备更宽速比、更高传动效率、更低噪声水平、更高经济性等产品优势，于2019年和2021年先后2度斩获"世界十佳变速器"殊荣。截至2022年底，万里扬CVT销量突破200万台。

为了更好地做强实业，万里扬还努力布局全产业链，零部件制造能力实现了从锻造、铸造、齿轴加工、壳盖加工到总装的全覆盖；同时积极建设未来工厂，全力推动数字技术与工业领域的深度融合，坚定迈出了融入全球智能制造大平台的第一步，为打造全球先进汽车零部件制造基地奠定了良好基础。

"百年未有之大变局是深刻而宏阔的时代之变，万里扬听党话、跟党走,自觉做习近平新时代中国特色社会主义思想的坚定信仰者、忠实实践者,坚定不移做实业、心无旁骛耕主业,为中国经济发展、助力共同富裕努力奋斗。"站在万里扬第 28 年新征程起点上,黄河清把舵万里扬未来正确航向,带领着万里扬奋力打造全球先进制造业基地、中国汽车零部件制造新高地,向着"全球一流百年企业"的梦想阔步前行。

成功秘诀

> 28 年来,黄河清与爱人低调务实、坚守如一,在实业道路上越走越坚定,越走越有力。
>
> 坚持做正确的事就一定会变强大。这是融入黄河清骨子里的信念:科技是国家强盛之基,创新是民族进步之魂。始终坚持创新驱动发展战略,走好科技创新自立自强之路,万里扬一定会成为世界级的汽车工业零部件企业。
>
> 万里青山狭路长,扶摇直上者,必名扬。

执笔人:孙武斌

天马轴承：从村办企业起步的中国名牌

企业档案

创始人：马兴法

创办年份：1987年

1987年，组建杭州半山轴承附件厂，为轴承行业提供零部件

1992年，更名为杭州拱墅轴承厂，开始成品轴承的设计、制造、销售

1999年，更名为浙江滚动轴承有限公司，成立自主品牌TMB，替代进口的高端产品

2002年，收购成都铁路轴承集团，进入铁路轴承领域

2007年，IPO上市（A股），收购原贵州虹山轴承总厂，重组北京时代新人轴承有限公司，开始进入冶金和航空航天领域

2008年，重组齐重数控装备股份有限公司（以下简称齐重数控）

2009年，和国内三大风电企业达成合作，进入风电轴承领域

2015年，成立南京工厂，进入铁路乘用车领域

2019年，获评工信部公布的制造业单项冠军示范企业

2022年2月21日上午11点，杭州地铁3号线和10号线首通段、4号线二期路段同时开通运营。其中，3号线、4号线二期全线装载由浙江天马轴承集团有限公司（以下简称天马轴承）自主研发生产的轴箱轴承。

这是国内地铁首次全线装载国产轴箱轴承，标志着我国自产地铁轴箱轴承已经具备替代进口的实力。天马轴承实现了地铁轴承使用"中国芯"的目标。

谁能想到，这家以"天马"命名的公司，是国内轴承行业中唯一具有材料、装备、轴承生产全产业链的精密轴承制造企业。20年前，天马轴承还是一家村办小厂，如今业务却遍布工业通用轴承、铁路轴承、风电轴承、冶金＆轧机轴承、航空轴承、汽车轴承等领域。公司牵头制定了国家标准7项，行业标准2项；2021年，销售额达52.4亿元。

天马轴承经过30余年的发展，已成为国内精密轴承制造企业，自主商标TMB曾先后荣获"中国名牌""国家免检产品""中国驰名商标""最具市场竞争力品牌"等称号，产品畅销海内外。

这段"天马行空"般书写创业传奇故事的主人公，就是一位土生土长的杭州农民企业家——马兴法。

村办企业起家　瞄准进口替代

改革开放后，沿海地区的乡镇企业迅速发展。1987年，杭州市皋亭村决定创办一家从事轴承套圈锻造的工厂，村领导看中马兴法的踏实肯干和对机械的钻劲，把这个任务交给了他。马兴法不辱使命，带领20多名同伴，办起了村办企业"半山轴承附件厂"。没有资金，就东拼西凑了50万元；没有场地，就搭建临时工棚或利用老房子。就这样，一帮人没日没夜地干，开启了创业之路。

1992年，不甘心只做轴承附件的马兴法开始转向成品轴承的设计与制造。这一年，"半山轴承附件厂"更名为"杭州拱墅轴承厂"。与大多数人出于对技术研发的畏惧而选择进入低端市场不同，马兴法将目光锁定在制造难度大但市场稀缺、附加值较高的滚子轴承系列产品。但当时小小的工厂，根本没有资金买专用设备，更何况有些关键设备在市场上"花钱也买不到"。

马兴法并没有在困难面前退缩，而是做出了一个非常大胆的决定：自己改造类似的设备，实现想要的功能。曾是机床加工学徒的他，开始自学各种技术，带头解决各种遇到的技术问题。用他的话说："我不像是一个厂长、董事长，更像是一个项目的负责人。"

"我们选择做高端产品，但困难比较多。"马兴法无法忘记当年研发的第一代产品——滚子轴承时的重重难关，但最终的成功带给了他丰厚的回报。天马集团就是凭借滚子轴承系列，才得以在严酷的市场竞争中站稳脚跟。时至今日，这一系列产品还是其拳头产品，在国内市场占绝对优势。

说起最早的业务领域——铁路轴承，马兴法说："那会正是铁路大发展的时间窗口，我抓住了这个机会。"

据介绍，天马轴承现拥有IRIS/CRCC资质证书，是国内唯一一家拥有政府颁发的铁路货车和客车供货资质的民营企业，也是国家高速动车组轴承和地铁车辆轴承"一条龙"供应计划推进单位。

这个资质，是大格局的马兴法曲线取得的。2002年，国企成都铁路轴承集团正破产重组，来自不同行业的公司都争抢入局。"大家都在竞争，"马兴法说，"但大部分公司是搞房地产的，他们看中的是成都轴承在市中心的土地，而我不一样，我看中的是无形资产、是产业发展。"

"市中心的土地，我不要；欠下的所有债务，我来还；原有的800名员工，我负责；郊区工厂，没人要就给我。"经过几轮沟通，马兴法给出的条件，正好符合当地政府所需及政策要求。就这样，马兴法拿到了该企业铁路货车轴承供货资质。而面对"中国是全球最大的轴承生产和销售基地，但在高端轴承领域一直处于被动状态"的现实，马兴法开始狠下决心，瞄准进口替代，他坚定地说："'卡脖子'问题必须解决。"

抱着以振兴民族工业为己任的信念，马兴法将产品定位于"替代进口"。他说："以前有个说法是不搞技术改革是等死，搞了是找死，我觉得不能这么说。"他从最初利用自己积累的机械制造经验和科研力量进行设备改造，成立了企业研发中心，搭建了引进人才和技术的平台，积极进行科技创新和产品种类结构调整，大力开发具备"高、精、尖、特"的新品。

"我们就是挑难的做，因为这条路没人走过，我们就变成了拓荒者和开发者，市场竞争就是这么回事。"马兴法豪气干云。在他的带领下，天马轴承攻克了高端轴承制造三大核心技术，使它们相互依存发展：高端轴承专用材料的冶炼与高强韧热处理技术对标美国、法国、日本等世界先进轴承制造公司，解决了我国轴承缺乏高端材料及相关热处理技术行业痛点；高精度轴承专用复合数控装备的制造技术，对标意大利、德国、法国、日本先进制造公司，为高端轴承制造提供了装备保障；高精度滚子对数曲线成型技术，则实现了精密轴承稳定制造……

技术难关在天马轴承从来不是障碍，而是机遇。在马兴法看来，技术是企业最有价值潜力的要素，只要在技术上多下一些功夫，就能赢得更大的附加值。天马轴承的经济效益综合指数排名一直名列全国轴承行业第一位，是我国轴承行业的龙头企业。其自主研制的精密轴承系列产品质量达到了国际同类轴承的先进水平。不仅打破了国际技术垄断，而且还成功地为国际、国内机械百强知名厂商提供配套。

天马从轴承附件生产开始，现有十大类共8000多个品种的轴承产品，产品小到外径5毫米，大至外径12米，广泛应用于航天航空与汽车、铁路、船舶、电机、风力发电、核电、重型机械、工程机械等重要领域。其中，短圆柱滚子轴承、铁路轴承、风电轴承、冶金轴承、船用轴承、大型工程机械轴承等市场占有率居国内第一，夺得多个细分市场冠军。

攻克核心技术　填补行业空白

除了高端轴承制造，轴承专用材料和高精度轴承专用装备是轴承产业链上的两大"槛"，经常面临被技术垄断、被国外断供的风险。

"缺乏材料，我就研究材料；缺乏装备，我就改造装备、研制装备，"马兴法表示，"要被市场逼着去创新，但是我不怕。"创业之初，天马轴承就建立了研发中心，经过几年发展，更是创建了"设计一代，研制一代，生产一代，储备一代"的技术创新体系。

2007年到2008年，天马轴承先后收购重组了贵州虹山轴承总厂、北京时代新人轴承有限公司和齐重数控装备股份有限公司，形成了"材料、轴承、装备"三大产业循环链。

对于如今花钱就可以买到的轴承材料，马兴法说："行业发展到今天，我没必要去买材料。15年前花钱也买不到好的材料，我只能自己解决。"对标国际最前沿产品，天马轴承先后研制成功高氮不锈轴承钢、高纯净稀土轴承钢，前者成功用于航空航天轴承和其他重要传动部件，后者轴承产品寿命超过国际先进产品寿命。

2014年，天马轴承研制出了"精密冷辗用轴承钢"研制项目。通过该项目，公司自主研制的双真空脱气钢材料42CrMoA1、17CrNiMo6等被应用于风电轴承及大型专用轴承制造，性能达到国际先进水平。

该材料运用自主发明专利技术真空钢包脱气和浇铸多支钢锭一体化工艺，解决了现有真空铸锭技术中不能完全避免大气带来二次氧化和中间包耐火材料及保护渣对钢水污染两大缺陷，填补了国内的行业空白。

"以前市场没有高端装备，全部靠进口。小型的可以买中国台湾地区的，你要想买欧洲、日本的，人家还不卖。从那个时候开始，我就想生产大型装备。"马兴法说。

于是，马兴法从欧洲等地进口大量二手机床，开始对其进行改造升级，这对马兴法来说不是难事。同时，为了加快速度、降低成本、提高质量，马兴法也开始了自主研发之路。对标国际先进装备制造公司，天马轴承自主研制了大型精密立式车磨、钻铣复合数控机床、滚子曲线磨床等100余台轴承专用装备，为高端轴承制造提供装备保障。

2021年9月18日，天马轴承自主研发的GL6300型大型精密立式车磨复合数控机床被认定为国内首台（套）装备产品。这是2020年初天马轴承自筹3000万元经费投入研究的项目成果。

"这是冒了很大风险的。原本这批装备准备购买德国的，但受疫情影响，安装调试需要3年后。那我想就自己干吧，花了1年左右的时间，研发成功了，结果比我想象的还要好。"马兴法开心地说。

2020年底，公司完成GL6300产品样机，自检达标，开始小批量投产并试用；2021年3月，形成企业标准并实施；2021年6月，销往成都精密机械有限公司，测试完成后开始投入实际使用，效果良好。

回顾天马轴承的发展，创始人马兴法说："这一路走来，公司缺什么就研究什么，遇到问题、瓶颈就去突破。30多年来，我都在做轴承，解决与轴承相关的难题。创新，在天马轴承已经形成了一种习惯，通俗一点叫企业文化。这么些年，我已经习惯了，我们的团队也都是坚持这样的理念。"

并购实现拓展 强势进军风电

采访中，马兴法常提到一个词：信息对称。"做好正确的信息采集，预判未来的发展趋向，企业的发展之路就会走得相对比较顺畅。"

马兴法认为，方向找对后，如何走得快一点、巧一点，这里面有很多文章可做。并购重组便是马兴法带领天马走的发展之路。

从2002年并购成都铁路轴承集团开始，到2007年底轰动业界的齐重数控并购案，天马成功完成了对6家国企的并购重组。"看好一个高端产品，我们不见得一定要从头做起。"马兴法打了一个比方：如果完成一个新产品的市场化要达到1000分的话，并购使得天马轴承从100分开始进入市场，很快就能做到200分、500分，乃至1000分，而从0分到100分这个过程则是最为艰难和缓慢的。

在这一系列的资本运作当中,并购国内精密机床龙头企业——齐重数控,对天马轴承来说具有划时代的意义。这一做法打通了从轴承材料到轴承、再到装备的全产业制造链条。

天马轴承走高端路线,只做尖端产品,进口替代是天马轴承主攻的方向,风电轴承则是马兴法带领天马轴承布局的又一重大领域。

作为可再生资源的风电,近几年来相关业务在全球快速增长,尤其海上风电业务更是急速升温。风电行业在国内起步较晚,之前业内普遍认为,轴承不过关是风电主机国产化的难点之一。不过现在,天马轴承的风电轴承不仅能满足国内风电整机企业的需求,还与全球领先的欧美风电整机企业保持了稳定的合作关系,产品成功出口欧美市场。

"机会是给有准备的人的。"马兴法直言,天马轴承在风电轴承领域的快速发展,正是源于10多年前的布局。早在2007年公司就开始研发风电轴承,不断延伸产业链,并在2013年建好了生产线迎接风电轴承市场的到来。

为了不断延长风电轴承的使用寿命,多年来,马兴法带领企业专注于创新研发,在风机刚刚迈进5兆瓦、6兆瓦时代,天马轴承已经具备了生产8兆瓦至15兆瓦的风电轴承能力,其提前布局的掘金效益也日益显现。2007年9月,天马轴承与东方电气集团签订1.6亿元的风电轴承订单;2008年8月再次获得该集团近5亿元金额的订单;如今更是凭借技术和生产能力的领先,天马轴承水到渠成地迎来了爆发式增长,迅速抢占了海上风电轴承制高点。

凭借 2015 年底成功开发出的 5 兆瓦级以上的风力发电机偏航轴承和变桨轴承，天马轴承在该领域异军突起。目前，公司的风电轴承重点配套商已包括国内外知名客商，奠定了风电轴承领域的国内龙头地位，已达到年产风电偏航轴承、变桨轴承 15000 台（套）的能力，产品范围涉及 3 兆瓦至 15 兆瓦长寿命风电机组轴承等。

2021 年，天马轴承主营业务收入为 52.4 亿元。其中，风电轴承销售额 37 亿元左右，占主营业务收入的 70.6%。

"找对信息，立足符合国家产业政策的领域，产品就更加适应市场需求。"马兴法强调的信息对称，是天马轴承稳固发展的秘诀，也是众多寻找出路的中国制造业企业的创新发展要素。

成功秘诀

其一，将兴趣转化为事业。"我的爱好就是'玩'这个东西。"马兴法是典型的"理工男"，他对轴承制造业感兴趣，并持之以恒为之奉献青春。他和很多同时代的人一样自学成才，至今依然对这一行业充满热忱，每天学习、吸收国内外最先进的技术。

其二，成功的一半原因取决于最初的高端发展方向。一路创业走来，马兴法始终采取的是赢家思维。一开始，他就选择中国装备制造业薄弱的中高端领域进行突破，做进口替代型的产品。无论市场如何变化，天马轴承始终坚持创新制胜。

其三，成功的另一半原因是专注于研发。不惜血本大力投入研发，全力让风电轴承产品不断迈向高端，在精耕细作和高质量的研发创新下，公司主导产品有十大类共8000多个品种，可以满足客户的各种需求。

其四，并购重组是加快企业发展的有效途径。同行企业有现成的厂区、设备、技术团队等，并且往往有各自的独特优势。并购使资源得到有效整合，优势和潜力得到充分发挥，能使企业发展得更快。

执笔人：壹新文化甄荣、夜未央，元元

步阳集团：步步朝阳上青云

企业档案

创始人：徐步云

创办年份：1992年

1997年，成立上海步阳防撬门有限公司，正式挂牌步阳品牌，开启中国防盗门行业全新时代

2002年，升级为步阳集团，防火门通过国家消防安全认证

2005年，步阳安全门被国家质量监督检验检疫总局评为"中国名牌"，成为浙江省永康市的首批名牌企业

2010年，成为中国安全门首家历年累计总产超1000万樘的企业

2011年，生产的安全门荣获行业最高荣誉——品牌白金奖；同年，浙江步阳科技园建成使用

2013年，步阳门业研究院成立，步阳西部科技园在四川省隆重奠基

2014年，年产100万套的智能家居控制系统产品生产线建设项目隆重奠基

2015年，荣获"中国梦"品牌授权，全年销售额突破30亿元

2017年，步阳四川科技园正式投产，产品辐射整个西南市场，形成年产200万樘高档安全门的生产基地

2022年，步阳国际控股有限公司顺利在港交所挂牌上市

从1998年进入安全门行业至今，在26年的时间里，步阳集团热衷于技术创新和新产品开发，共申请了400多项专利。步阳集团无可争议地成为首屈一指的中国防盗门生产企业，先后参加了多种门类国家标准、行业标准的制定。如今，已年产防盗门超过500万樘，也是全国最大的装甲门生产基地。

近年来，步阳集团投入巨资打造大数据指挥中心，实现全流程可视化管理。"5G智慧工厂"的启用让步阳集团提前迈入了"中国制造2025"的序列。步阳集团通过生产车间的5G网络覆盖，为全面建设数字化智能工厂提供支撑，全面推进ERP软件优化项目、数据采集与监视控制系统（SCADA）项目以及制造执行系统（MES）数字转型项目。

追求卓越：申请400多项门业专利

20世纪90年代的住房制度改革，给安全门行业的发展带来了前所未

有的巨大商机。正是看到这样的机遇，步阳集团才一头扎进安全门研发制造领域。

愚者赚今天，智者赢明天。步阳集团能实现"弯道超车"，就是在于产品研发快人一步，这是抢占市场的利器。

2001年，一位经销商跟集团办事处人员提出，很多消费者觉得，安全门的钢材外表给人一种冷冰冰的感觉，不如木质门温馨有"亲和力"，如果能将钢材的"质"与木材的"表"结合起来就更好了。办事处人员迅速将这一信息反馈到集团技术部。根据这一信息，步阳集团及时推出了将木纹转印技术应用到门面的新工艺。

搏击在市场海洋里的人，抓住一块木板，就可能被送上装满财富的巨轮。"木纹转印技术的推出，使得步阳安全门一举拓开市场，赢得消费者的青睐。"徐步云回忆说，这一新款门的推出，使"步阳门"独领风骚，奠定了步阳集团成为全国行业领头羊的基础。

2002年步阳集团率先在国内推出80毫米厚的扣门，加厚门面并增加三折防撬扣边，将防撬性能升级了一个档次；2003年，步阳集团又先后推出"十八学士"系列和"吉福门"系列产品，特别是后者，融入了中国书法元素和传统的"吉""福"文化，带有浓郁的中国文化气息和吉祥寓意，在市场上引起了强烈反响。

10多年前，徐步云前往北京参加一个国际门业会展，看到一款制作精细的国外装甲门，他认定这款门可以配套高档房地产小区，市场空间很大。果不出所料，当时中国房地产顶尖品牌后来的开发项目全部用上了装甲门。

此后，步阳集团开发新产品的步伐一发不可收：2004年推出的双制动锁具使客户能更方便地将所有锁点锁到位，2005年在国内首创三防门，2008年推出"五福门"，2009年又分别推出氟碳门、88毫米厚的高档门。从第一代精品门到第二代精品门，从防爆门、卡式门到艺术门、学校门、医院门，再到今天的智能门，步阳集团一路稳步发展。此外，步阳集团率先实施门面喷塑技术，以减少漆喷涂给环境带来的污染，随之也提高了产品质量。在步阳集团的带动下，永康市各防盗门厂家纷纷仿效，对整个防盗门行业的环保产生了积极影响。可以说，步阳集团的每一次创新，都掀起了市场的一朵朵浪花，展现了高新科技的神奇魅力，引导了门业发展的新潮流。

20多年来，步阳集团不仅在研发生产上有各种满足客户的个性化需求的产品，在销售方式创新上也有不凡成就。

占领市场：在全国设置5800多个经销点

1998年，徐步云进入安全门生产领域时，永康市的安全门行业已经风生水起。全国同行中，辽宁盼盼、重庆美心等企业都已拥有了不小的知名度。对于步阳集团的从无到有到后来居上，显然，徐步云有自己的撒手锏。

销售是关键，从生产安全门的第一天起，步阳集团就开始自建终端销售网络，把营销渠道牢牢掌握在自己手中。在徐步云看来，步阳集团是站在别人的肩膀上快速成长起来的。与其他安全门企业相比，步阳集团起点较高，不仅仅体现在产品档次高，还体现在销售网络的广阔上。

在销售网络建设之初，步阳集团就将国企的制度管理与民企的灵活性结合在一起，实行了以办事处制为主要模式的销售渠道模式：由集团总部派驻人员到各省市，成立销售分公司式的办事处。由办事处在辖区内精挑经销商，实行就近管理。集团下指标给办事处，办事处考核经销商，层层落实责任。

在生产基地能力所及的销售半径内，步阳集团采取的是直销模式，省去了经销商这一环节，使得渠道扁平化，从而大大降低了销售成本。

2007年，步阳集团又开始推行专卖制，除了在合适的地区增设专卖店外，还对一部分经销商进行优化，将其转为专卖步阳产品的经销商。靠着健全完善的营销网络优势，步阳集团仅用了2年时间，就在全国各地开设了1000多家专卖店。

如果说依靠经销商拓展市场是"散兵出击"的话，那么步阳集团与一批房地产企业合作的批量团购就是"大兵团作战"。

从2008年开始，步阳集团与碧桂园、万科、绿地等知名房地产企业建立了长期合作伙伴关系，这为步阳集团的长远发展、做优做强奠定了坚实基础。徐步云说："安全门是与房地产密切相关的产业，与房地产龙头企业紧密合作，就可以抓住大订单，不仅能使销售渠道得以拓宽，更能使营销成本大幅下降。"

在这些销售模式的支撑下,身着中国名牌、中国驰名商标、国家免检产品等"金衣"的步阳集团,迅速在全国"攻城略地"。经过多年努力,目前步阳集团建立了遍布全国的密集销售网络,共有5800多个经销点、3000多家专卖店。如今,步阳集团在销售市场上呈现出零售市场、工程市场、网络市场等全面开花的局面。每天有3000多辆运输车奔跑在辽阔的中华大地上,2022年安全门销售超过500万樘。

5G运用:率先开启"智慧之门"

在徐步云看来,工业4.0时代的到来是传统制造业未来面临的重大挑战,对于门业企业更是如此。

2019年5月26日,万年历上赫然写着今天"诸事不宜"。然而,就在这一天,步阳集团做成了一件大事——与华为、中国电信签约,正式启动首条5G智能制造生产线,向进一步打造智慧工厂迈出了坚实一步。当日,又是一个对大多数人而言相对陌生的节日——世界向人体条件挑战日。步阳集团也向自己的"肌体"发出了挑战。

近几年,步阳集团以"机器换人"和"智能化改造"为着力点,积极革新生产设备,提高生产效率。先后建成自动辊轧线、自动喷淋线、机器人涂装线、装配流水线等一系列自动化生产线。在建成产线的基础上,导入物联网技术,实现生产过程的自动化控制和实时监控。以前需要3天完成的生产流程，改造后只需 3 个小时就能下线。新产线使厂房使用面积减少 32%，人员减少 25%，而产能却在原先基础上增加了 30%。喷塑和喷漆均由机器人自动静电喷涂，有效地改善了员工的工作环境，降低了劳动强度。采用的大旋风塑粉回收工艺，在使产品合格率提升 3 个百分点的同时，也使塑粉使用量节约 12%，每年为企业降低上千万元的原材料成本。

集团从 2011 年开始推行精益化生产，起先因为需要打破老旧的生产组织模式，存在很大的阻力。但集团一方面上下一心，坚定执行，最终成效显著：企业的生产效率提高了 15%，合格率提高了 5%，员工劳动强度下降了 20%。另一方面，向人才要动能，步阳集团不仅重视人才引进，更加重视人才的培养。这些年，集团不断引进的高学历、高技能人才，经过培养之后转岗到各个生产单位担任管理干部和技术骨干，以点带面推动各个生产单位进行管理创新、技术创新。依托人才支撑，步阳集团组建了门业首家省级企业研究院。

步阳集团先后投入 1.3 亿元，建成"步阳 5G 智慧工厂""步阳大数据中心"，植入"5G 无线+5G 边缘计算+移动云平台"大数据组网模式，实现生产设备点对点通信、横向事业部协同、纵向供应链互联，创建了防盗门生产数字化的新模式。

一朝华丽转型，企业面貌焕然一新：指令传输时延缩短至 5 毫秒，制造成本下降 20%，产品一次性合格率提升 4 个百分点。科技创新像一双神奇有力的巨手，让步阳集团又一次步入阳光之下。目前，步阳大数据中心可以实时采集车间产量、质量、能耗、加工精度和设备状态等数据，并与订单、仓储、物流关联，实现生产、销售过程的全程追溯和异常警报。实施数字化、智能化改造后，生产效率提升，用工人数减少，产品质量大幅提升。

成功秘诀

从永康市第一批汽修工人，到步阳集团董事长，优品质、树品牌、重诚信，是徐步云"平步青云"的三大秘诀。

第一，产品品质是企业的生命。细节决定成败，徐步云在产品细节上的自我要求很高，对产品品质的追求从不松懈。从单项设备的改进，到智能流水线的不断升级；从最早引进ERP管理系统到持续升级优化建立完善的ISO9001体系。这是他打造"放心步阳"的一大秘诀。

第二，品牌是企业的灵魂和脸面。科技强企、人才兴企和品牌战略，毫无疑问是徐步云打造"放心步阳"的又一关键秘诀。

第三，诚信经营是企业可持续发展的根本要求。诚信经营的企业，让客户更信赖，市场更广阔，更能在消费者心中树立"用步阳，我放心"的形象。

执笔人：吕高攀

一鸣食品：科技创新引领全产业链发力

企业档案

创始人：朱明春

董事长：朱立科

创办年份：1991年

2008年至今，投入总计4亿多元，拥有先进的生产工艺流水线和生产设备的一鸣现代化工业园，建成投产

2011年1月，斥千万巨资从澳大利亚引进434头优质良种奶牛，这是浙江省本土企业首次从国外直接购买奶牛

2011年12月，获得农业产业化国家重点龙头企业称号

2013年，通过与IBM公司的合作，完成"智慧一鸣"信息化建设，从供应、追溯、成本核算等方面实现精细化管理

2018年6月，常州、平湖、平阳等3个新工厂项目奠基，开始深耕浙江大

本营，拓展长三角新市场

2020年12月，在上海证券交易所主板鸣锣上市，正式登陆A股市场

2022年6月，浙江省奶牛遗传改良与乳品质研究重点实验室举行开工仪式

2024年1月12日上午，浙江省奶牛遗传改良与乳品质研究重点实验室在浙江省温州市鹿城区七都街道鹿泰总部科创园启用。该实验室由浙江一鸣食品股份有限公司（以下简称一鸣）和浙江大学共建，是浙江省第一个，也是唯一一家以奶牛种质创新为主题的高能级平台。

种业是农业的"芯片"，目前我国奶牛的高端冻精几乎被国外垄断，80%的优质母牛依赖国外进口。2022年1月，浙江省出台《浙江省现代种业发展"十四五"规划》，提出要打造现代种业强省和特色品种大省。在省（市、区）的联合推动下，一鸣联合浙江大学，共建浙江省奶牛遗传改良与乳品质研究重点实验室，通过胚胎生产、移植技术等研究，攻坚奶牛种业"卡脖子"问题。

如今，鹿泰总部科创园刚启用的实验室里，有核心团队30余人，其中具有副高级（含）以上职称和博士学位的20人，科研仪器设备原值超2000万元。实验室主要研究方向为基因组育种与遗传改良、优异种质创制与良种扩繁、营养基因组学与资源挖掘、乳制品研究与产品创新，将有效填补我省奶牛种业的空白，助力我省奶牛优质种质资源实现零的突破。今后，该实验室将聚焦奶业全产业链，培育适合中国南方条件的奶

牛新品种、新品系，推进优质种源和技术产品产业化，辐射长三角和我国南方奶牛养殖区域。

新实验室的启用，背后是一鸣对科技创新力孜孜不倦地追求。事实上，在如今巨头盘踞、竞争激烈的乳企赛道中，一鸣得以维持30余年品牌屹立不倒，还不断破局向上，科技创新力是其最大的发展驱动力，也让一鸣的发展道路越走越宽。

近年来，一鸣屡获官方盖章"认证"，将多个重量级的科学技术奖项逐一收入囊中：2020年参与研究的"功能性乳酸菌靶向筛选及产业化应用关键技术"项目获国家科学技术进步奖二等奖；2021年参研的"液态乳制品提质与植物基融合及冷链保障关键技术应用"项目获浙江省科学技术进步奖二等奖，一鸣生态农业有限公司参研的"奶牛绿色健康养殖及优质乳生产关键技术与应用"项目获浙江省科学技术进步奖二等奖……

尝"新"：一股始于创业之初的韧性

一杯蛋奶，是一鸣在创新路上绕不过去的产品。

1972年出生的朱立科，毕业于浙江农业大学畜牧系畜牧专业，现任一鸣董事长。朱立科自称"创二代"，因他父亲朱明春养鸡，是家里第一代农民企业家。然而，当好第二代创业者的决心好下，坚守实业过程却是艰辛的。

20世纪90年代前期，中国第一波奶业低潮波及温州，奶农纷纷倒掉牛奶。这时，朱明春却弃鸡收奶，以保护价收购奶农鲜奶。卖了鸡收了奶，这么多牛奶怎么保质，怎么加工销售？朱立科凭着一股年轻的韧劲，辟出一条"新"路——他白天到牛场收奶、进车间做工，晚上扎进8平方米左右实验室，整整2个月的时间，终于解决了鸡蛋遇热就凝固的难题，将鸡蛋和牛奶完美结合，研发出了"一鸣蛋奶"，并且申报了国家发明专利。这一新产品很快一鸣惊人，迅速"攻占"了温州老百姓的早餐桌。

经此一役，朱立科靠着创新，尝到了耕耘实业的甜头，此后，他"新"招不断。如2002年，一鸣在全国首创性地开设"真鲜奶吧"连锁业，更是率先引领了"学童奶计划""送奶到家"等消费方式的革命。

毫不夸张地说，一鸣改变了2代温州人的营养早餐，因而有人戏称朱立科为温州的"奶爸"。

争"新"：一个基于全盘布局的野心

在朱立科心里，仅仅当温州的"奶爸"是不够的，他曾笑说，自己还要做浙江的"奶爸"、长三角的"奶爸"。为实现这一"野心"，就要下一盘更大的棋——全产业链布局。

作为牛奶产业的上游，要布局企业的全产业链，必然要从牧场建设开始，这不仅成本高，而且周期长。但对于想在这个产业里精耕细作、长久发展的乳企而言，从上游着手整合牧场资源，并完成现代化智能化改造，无疑是一件功在未来的大事。而且，这一步越早开始，企业越有先发竞争优势。

2005年，一鸣在浙江省温州市泰顺县建成自有生态牧场。从这一年开始，一鸣逐步建立了包括牧草种植、乳牛饲养等全方位的牧业管理体系，并率先实行"公司+农户"的方法，建立核心牧场、标准奶站等，促进了奶源质量的提高，并提高了奶农发展生产的积极性。

牧场建得好不好，关键还在于能不能养好牛。奶牛育种既是中国乳业面临的"卡脖子"问题之一，也直接影响到乳企核心竞争力的高低。一鸣深谙抓好奶牛品种遗传改良和种质资源创新利用，更是重中之重。

在温州市平阳县一鸣工业园，相关负责人介绍："2011年，一鸣便在奶牛养殖方面抢滩布局，从澳大利亚引进优质良种奶牛，采用先进技术进行饲养。"这在当年成为乳品行业一大新闻，许多记者从温州赶到宁波机场，为这批乳牛"接机"。此后，一鸣以这批乳牛为基础，推出了公司拳头产品——子品牌"澳瑞"低温鲜牛奶。

为深化科技赋能，形成高效养殖新模式，一鸣的努力不止于此。近年来，一鸣加强了和高校的合作，积极建设浙江省奶牛遗传改良与乳品质研究重点实验室，开展种业"芯片"关键技术攻关，培育具有南方特色的抗病、优质奶牛新品系。2022年10月，首批14头自主培育的"胚胎牛"诞生，这标志着我省在奶牛遗传改良和良种扩繁方面取得重大技术突破。

此后，一鸣更是着力对新技术进行推广与应用，努力提高生产效率和降低优质胚胎牛的培育成本。浙产首例遗传改良胚胎牛目前已经受孕，需要 8～9 个月时间才能生产。专家表示，经基因组检测对标，胚胎牛对牛群改良效果非常明显。牧场常用的综合净效益值平均水平由 500 提升到 800，这是传统的遗传改良 3 到 5 年都不一定能实现的效果，现在一年（胎）就完成了。截至 2023 年 12 月 30 日，在一鸣陆续出生的健康胚胎牛已超过 1000 头。据估算，对比冻精繁殖，每繁殖的一头胚胎良种母牛产犊后，每 3 个胎次可产生 2.5 万元的额外收益，科技富农效果显著。

一鸣还通过输出标准化饲养规范的方式，使奶牛单产从 2010 年的 4.5 吨提高到 8.7 吨，部分牧场达到 11 吨，90% 的奶源质量达到并超过欧盟标准。

"抢"新：一瓶饱含智慧"黑科技"的牛奶

从牧场到车间，再到门店，最后到消费者手上，中间还要历经众多工序、流程。如何和时间赛跑，保持一瓶奶的鲜美？一鸣同样押注在科技创新上。

据介绍，2014 年一鸣引进先进生产设备，作业方式从单机手工向连线式生产转变，大大减少了人员配置数，也提升了产品的稳定性。

此后，一鸣通过持续开展"奶源—生产—冷链运输—门店—用户"一体化的数字化体系建设，搭建了"智慧一鸣"数字化信息系统，通过 V 字模型进行任务拆解，厘清四横四纵构架，构建四大场景应用，形成数字化应用能力。将杀菌、均质、配料、混料、待装、灌装、包装等 7 道工序的耗时降低了 40%，人员减少了 70%；通过大数据分析预测奶吧未来 1—7 天的销售情况，进行精准智能补货。

记者走进一鸣工业园看到，整个 1000 多平方米的生产车间里，布满各类金属管道，竖立着几十个巨大的储存罐。一侧玻璃房内，5 台大屏电脑一字排开，只有 4 个工作人员，这便是整个工厂的中央控制室，工作人员发送生产指令后，牛奶在这些管道和储存罐之间，仿佛瞬息穿越，快速"变身"为成品奶。

而当一瓶一鸣"见轻"酸奶被拿到手上时，记者细细端详发现了不少"门道"：配方表上的 inm25-ST、inm25 等，是一鸣实验室自主研发的益生菌；扫描瓶身上的"浙食链"二维码后能"一键溯源"，这瓶奶的"前世今生"一目了然……总之，满是智慧生产下的"黑科技"。

谋"新"：一鸣未来还有这些发力点

一瓶奶的获取，看似很简单，在电商、商超、社区奶吧随处可买；一瓶奶的背后，值得书写的又是如此复杂，朱立科和由他掌舵的一鸣，已经为之书写了 30 多年。

回溯一鸣的创新发展之路，我们看到，朱立科专注的"牛奶""奶牛"这两个最日常的词，蕴含着无数的知识点：牧场的建设，牛的育种，从原奶到奶产品历经的工序，还有从奶产品到消费者手中的食品，其间的冷链、运输、对品质的把控，等等，每个环节都懈怠不得。

创新不停歇，发展不止步。一鸣谋划的高质量发展的企业未来，依旧离不开"创新"二字。

据透露，目前一鸣已在长三角地区开设2000多家"真鲜奶吧"门店。未来，一鸣还将深入推进全产业链指挥中心建设，全力打造"放心、健康、绿色"的智慧乳业。持续聚焦数字化发展，力争成为领先型现代农业企业。

为此一鸣未来还有以下发力点：瞄准种业创新高地，打好种业翻身仗；深耕奶源建设，做强高效生态养殖；稳步拓展销售网络，做长做强产业链。

成功秘诀

第一，必须牢固确立以消费者为中心的理念。透过一鸣的创新发展之路，可以看到这家乳业始终以消费者为中心，全盘布局持续创新，只为消费者提供满意的产品和服务，让国人共享健康。

第二，必须不断增加现代科技含量。在生产和服务的各个环节都抓好科研，只为养好一头"奶牛"，生产好一瓶"牛奶"，满足消费者多元化的健康需求。

执笔人：金慧君

金棒运动：创"金字招牌" 树"最棒理念"

企业档案

创始人：徐勇强

创办年份：2004年

2004年，浙江金棒运动器材有限公司成立

2009年，成立子公司浙江普崎数码科技有限公司（以下简称普崎数码）

2013年，获评国家高新技术企业

2016年，普崎数码作为"浙商回归"工程，进驻浙江省丽水市缙云县丽缙五金科技产业园区

2016年，建设浙江省级企业研究院

2017年，金棒控股集团有限公司成立

2020年，建设省级博士后工作站

2020年，通过"以商招商"政策，收购引入浙江红黑科技有限公司

2022年，入选2021年国家体育产业基地名单

2023年，子公司普崎数码打印产业园项目二期项目进场施工，建成后现代化工业厂房面积将达20万平方米，成为国内第一家研发出超高速高精度数字喷墨标签印刷机的企业

2022年，随着运动员谷爱凌在北京冬季奥运会上两金一银的完美收官，越来越多人注意到了这位积极阳光的选手，她的视频也被屡屡推上热搜，其中一条视频引起了丽水市壶镇镇人民的极大关注，视频中爱凌"公主"脚踩"风火轮"，自由快乐地穿梭在上海街头，而这种后跟式轮滑，最早产自壶镇的企业——浙江金棒运动器材有限公司（以下简称金棒运动）。

谷爱凌在视频中轻松快乐的样子，恰是金棒运动一直以来坚守的使命——"为人类生活创造更多喜悦"。从2004年创办到2022年，金棒运动的"后跟式滑冰鞋"年产量在100万双以上，市场占有率80%以上，实现销售收入21亿元、出口创汇2亿美元、上缴税收近6000万元。科研方面，金棒运动已累计获得500余项专利，其中，发明专利8项，国际专利21项，自主研发的M-BOX可折叠动感单车更是获得中国工业设计最高奖"红星奖"。这么卓著的成就，这家成立20年的企业是如何实现的？

"金领五行首，棒定四海波。"董事长徐勇强对金棒的定位，显露着他对企业发展的雄心，也成为他白手起家、实现创业梦想的最佳注脚。

梦想，于创新中实现

1973年出生于浙江省丽水市缙云县的徐勇强，年少时就跟随父亲一起去石宕打岩，不满于现状的徐勇强认为，决定前方路的，是身后的脚步。年少的成长经历以及打石头的历练，让他坚定地相信能靠自强实现创业。

2003年，徐勇强在一次跟老友的交谈中，聊到了北京奥运会，聊起了国人的健康与身体素质，又因偶然的机会接触到了一位韩国设计师的溜冰鞋设计概念：可以走路，又可以溜滑。他觉得这种好玩又安全的溜冰鞋给女儿穿上玩耍，她一定会非常快乐，于是，一个"我应该从事体育运动行业，给大家带来更多的快乐与健康"的念头在他心里扎下了根。

随即，徐勇强组建了一个十几人的团队，在2004年5月25日创办了金棒运动，开始了对体育行业的调研与探索。通过一年多时间的研发，第一款后跟式滑光轮正式上市，"可以走路，又可以溜滑"的新兴理念使后跟式滑光轮迅速受到消费者青睐，成为当时红极一时的"网红"产品，远销海外市场。通过创新的理念、国际化的视野以及展会的推动，金棒运动打响了在体育运动行业的第一枪。

10多年来，虽然同类产品层出不穷，但金棒运动的后跟式滑冰鞋一直占据了全球市场的最大份额。"同样的外表，用不同的材料成本就差很多，比如不同的塑料每吨会相差一两千元。"如果销往国外和国内的产品在同一条流水线上生产，用不同的原料可能会导致交叉"感染"。徐勇强从一开始就坚持"国外单"与"国内单"统一标准，并积极推动滑光轮的迭代升级，在新材料运用、外观设计、细节结构等方面不断创新，以保证金棒滑光轮在单品类上的领先地位。

"我们坚信创新是第一动力，创新驱动的关键就是人才，在公司这些年的发展中，我们牢牢把握住创新和人才这2个发展关键因素，才让公司在面对国际局势冲突或者疫情冲击时，仍然实现了逆势发展。"徐勇强介绍，以轮滑产业全面发展为导向，他带领公司统筹产品设计、研发、智能化等各类人才队伍，不断挖掘符合产业发展的人才需求，以人才驱动推动创新驱动以及产业结构优化升级。2020年，金棒运动成立省级博士后工作站，在工作站的大力支持下，金棒运动在运动健身产品电动化、智能化方向上迈出了决定性的步伐，也标志公司正式进入智能化时代。

金棒运动产品远销美国、英国、法国、德国等，合作伙伴均为全球业内的顶尖品牌，包括美国Razor、法国迪卡侬等，公司获2021年度国家体育产业示范单位、高性能运动器材省级企业研究院、国家高新技术企业、国家知识产权优势企业等多项殊荣，名列浙江体育企业冠军品牌榜。

突围，在冰点的时刻

2008 年，一场源自美国的金融风暴席卷全球。强烈的危机感让徐勇强不断思考，尽管公司经贸业务发展得还不错，但 10 年之后金棒运动的未来又在哪里？

"那会我们开始满世界地去参加展会，寻找下一个应该做的产业是什么。"徐勇强说，当时他们定了几个标准，一是产业必须是技术密集型，二是属于新型的萌芽期行业，三是在国内还没有一个强势的品牌。按照这些标准，徐勇强最终找到了工业数码打印这个行业。

2009 年，经过充分的准备和筹划后，徐勇强在深圳顺利成立普崎数码。"我们金棒运动的核心理念就是以共享利益凝聚人，以创新精神激励人，坚持创新是第一动力，这也让企业已经有了 500 多项专利。"因此，徐勇强也坚信，要坚持创新驱动以及产业结构优化升级，哪怕转换赛道，自己也能在新领域闯出一片天地。

现实也的确如此。在徐勇强的带领下，金棒运动 2021 年为家乡缙云的规模以上工业产值增加值贡献度达到了 10%。因为心系家乡发展，2016 年，徐勇强怀着浓浓的家乡情，将普崎数码作为"浙商回归"项目，进驻丽缙智能装备高新技术产业园（以下简称丽缙产业园），专注生产 uv 平板打印机、高速数码印刷机等产品，为缙云工业发展注入了新的活力。

回到家乡，徐勇强带领普崎数码在缙云潜心研究近 2 年，经历无数次失败后，终于突破一系列"卡脖子"技术，取得创新成果——超高速高精度工业数字喷墨印刷机。其打印速度可达4800米/小时，打印精度1200dpi，产品性能达到国际先进水平，打破了国际巨头企业的垄断地位。普崎数码也成为完成进口替代项目攻关、国内第一家研发出超高速高精度数字喷墨标签印刷机企业，旗下产品还广泛应用于广告、家装、数码外壳、工艺品等行业领域，客户遍布海内外，产品远销80余个国家。

与金棒运动一样，徐勇强带领普崎数码专注创新与人才，组建了一支以高端人才领军的优秀研发团队，丽缙产业园和深圳研发中心团队中有博士3人、硕士3人、中高级以上职称人员19人，掌握有自主知识产权的技术及行业应用方案70多个，目前已获得包括9项国家发明专利在内的专利130多项，公司获评"工业数码打印省级研究院""浙江制造精品""（浙江）省级隐形冠军培育企业"，相关产品入选"浙江省工业产品首台（套）"装备名单。在普崎数码打印产业园项目二期项目建成后，其现代化工业厂房将达20万平方米。

目前，徐勇强带领公司正往集团化的方向稳步发展，旗下有4家全资子公司、3家控股公司、2家参股公司。其中，不仅金棒运动已成为行业领军企业，浙江红黑科技有限公司也成为筋膜枪研发、生产领域市场占有率位居行业前列的头部企业，深圳金谷田科技有限公司业绩已在工业平板打印行业成为全国第一。

成功秘诀

第一，人品决定产品，诚信赢得市场。回望来时路，徐勇强想起了初入社会时，他还是一个20出头的"毛头小伙"。"我在农村长大，对于企业管理、如何做一个创业者根本没有概念。所幸遇到了2位'人生导师'，和他们交流，我学会了为人处世、与人交往的基本礼节，思维结构彻底改变。"在思维转变的背后，更重要的是徐勇强在梦想的支持下，一直保持着真诚。这种真诚，不仅在于他愿意、敢于相信他人，更在于他真诚地对待客户，严格坚守产品要有与样品一样高质量的理念。梦想引领着徐勇强找对方向，实现了金棒运动的从无到有。

第二，率领青年创业，展现共富担当。金棒运动不仅推动整个行业的健康、快速发展，还实现了品牌化、集团化、智能化发展，并带动更多人实现创新发展、共同富裕的宏伟蓝图。"我们要通过就业带动和创业培育，让更多有梦想的青年人树立崇高的价值观，实现创新创业，在共富中展现新担当。"

执笔人：橙子

德力西：三获国家科学技术进步奖

企业档案：

创始人：胡成中

创办年份：1984年

1986年，建成国内民营企业第一家热继电器检测实验室

1996年，德力西控股集团有限公司成立

2000年，设立博士后科研工作站

2004年，荣获国家科学技术进步奖二等奖

2006年，德力西技术中心被认定为国家企业技术中心

2009—2010年，分别荣获国家科学技术进步奖二等奖

2006—2016年，提供"神五"至"神十一"相关产品

2017年，荣获全国质量标杆称号

2020年，获评浙江省智能工厂

2021年，获评浙江省创新型领军企业

2022年，登榜工信部组织评选的"国家级绿色工厂"

2023年，获评浙江省科技领军企业

德力西集团有限公司（以下简称德力西）创办于1984年，是一家集产业、品牌、资本运营为一体的大型企业集团，是中国电气行业的龙头企业，拥有全国同行业生产企业首家国家企业技术中心和博士后科研工作站，旗下6家企业被认定为高新技术企业，先后3次荣获国家科学技术进步奖；拥有2295项自主研发专利，主导或参与制定90项国家、行业标准。

一家民营企业，3次获得国家科学技术进步奖二等奖，靠的是什么？

带着这些疑问，笔者走进位于浙江省乐清市的德力西，一探究竟。

坚守初心　打造"灯塔工厂""零碳工厂"

盛夏时节，走进德力西园区内，"静悄悄"成了感受的关键词：不管是在生产车间，还是大楼大院，都很少见到员工，工业机器人、智能化仪器倒是随处可见。

德力西高级副总裁胡成虎告诉笔者："当初温州基地的员工有近9000人，如今只剩3000多人，人少了，但生产效率却大大提升了。"

这是德力西向"灯塔工厂""零碳工厂"大步迈进的成果。胡成虎告诉记者，电气产业作为德力西始终坚持的主业，对科研创新的动力一直都在——

通过在全国布局的5个研发中心，持续创新前瞻市场的优质产品；大力推进三大供应链生产基地的智能化与数字化建设，整体自动化率超过70%，关键生产线自动化率达97%。不仅如此，德力西还通过使用客户关系管理（CRM）系统，部署了库存管理数字化工具，辅以商业智能（BI）系统，对业务数据进行分析，以便更好地为客户服务……

不单单要实现"灯塔工厂"，将绿色可持续发展列为核心战略之一的德力西近年来更矢志打造"零碳工厂"。据了解，集团在产品原材料上贯彻绿色环保原则，采用硅橡胶材料替代丁腈橡胶材料，取消产品点胶工序和擦拭工序环节；以热塑性塑料部件替代热固性塑料部件，减少了有毒有害物质的使用。同时大力发展光伏项目，在厂房屋顶建设太阳能光伏发电站，光伏停车场及电动汽车充电站采用光伏发电自发自用余电上网的模式。据不完全统计，仅集团一个园区的自发电量即可满足30%以上的电能需求，降低的二氧化碳排放量相当于40万棵树的吸收量。

这一切，都源自德力西始终坚持科技创新的初心。1984年德力西创立之初，创始人胡成中就坚定了科研开道、质量兴企的决心，他不顾亲朋好友的劝阻，举债建立了当时国内同行民企中第一个符合国家标准的检测实验室，取得了民营企业第一张由当时机械工业部颁发的热继电器生产许可证。

这一份初心也得到了丰厚的回报。创立40年来，德力西从几个人的小作坊，发展成拥有2万余名员工的大集团，2022年集团营收680多亿元，连续21年登上"中国企业500强"榜单。

这一份初心保持至今。2015年以来，德力西大规模引进和开发低压电气自动化流水线，目前拥有超过3000台自动化生产设备，数控装备比例高达45%；最先进的芜湖制造基地工业机器人密度达到每千人80台，整体自动化率超50%。生产过程中，德力西还对水体、大气、固体、噪声、温室气体等污染进行全面管控，确保环境排放达到环保要求。2022年，德力西以温州、芜湖、濮阳三大供应链基地为核心，成功登榜"国家级绿色工厂"榜单。

未来，德力西承诺：2025年携手上下游生态圈实现运营层面碳中和，2030年实现运营层面的零碳就绪，2040年实现端到端价值链的碳融合，2050年实现全生产价值链净零碳排放，最终实现零事故零排放和对社会环境的零影响。

求新求变　紧跟国家战略发展所需

凡益之道，与时偕行。

在坚守主业的同时，德力西的科创实力也在于不断应国家战略所需、时代进步所需。

近年来，随着新能源汽车的大火，市场对充电桩需求旺盛，德力西精准找出电气化产品"痛点":推出全新CDC6D充电桩交流接触器,全面提升了充电接触器等元器件的安全性、智能性,实现了主流充电桩功率全覆盖,广泛适用于30—360kw充电桩的各类应用。

同时,集团积极向军工产业、新能源制造、环保等新兴产业拓展业务,与电气主业形成了协同互补的优势——

2018年,德力西旗下上市公司广东甘化开始转型,先后收购沈阳含能金属材料制造有限公司和四川升华电源科技有限公司,正式迈入模块电源灯高端制造领域。2019年,广东甘化改名"甘化科工"。德力西旗下另一上市公司德新交运更名为"德新科技",主营业务向精密制造行业切换,宁德新能源、中航锂电、蜂巢能源等国内主流动力电池企业均为其客户。得益于国内新能源汽车市场的蓬勃发展,德新科技锂电池裁切模具业务板块的主营业务收入逐年递增。

每一次的赛道转换,每一次的产品研发,都离不开科研创新的投入。例如,在备受关注的储能行业解决方案中,德力西深度绑定光化学储能龙头客户,提供全系列交直流断路器,同时深挖客户应用,关注产品的低温适应性和稳定性,采用专用灭弧室,有效提升直流断路器的分断能力。解决方案的背后,是德力西科研实力的生动展现——与西安交通大学、浙江大学等高校和科研院所合作,开展低压电器行业的前沿技术研究,开发更多具备遥控、遥测、遥信、遥调功能的产品。

除了自己苦练内功,德力西在连接产业链上下游端不断发力,进一步提升科研创新实力，进而带动行业乃至区域科研实力的大跃升。

浙江贝瑞姆精密机械有限公司（以下简称贝瑞姆）是德力西的一家五金供应商，也是德力西打造的产业链中的一"环"。与德力西合作的15年间，德力西走到哪里，贝瑞姆就跟到哪里，后者的企业产值也因此增长了100倍。在贝瑞姆总经理石斌看来，通过紧跟链主企业，企业自身供应链和管理水平得以大幅提升，科创能力也逐渐由弱到强。以德力西芜湖生产基地为例，基地在职员工已经超过5000人，并成功带动供应链上下游相关企业在当地设厂，形成了以德力西为中心的低压电气产业园，产业园对当地产值的贡献巨大，已成为当地经济发展的重要贡献者。

作为全国最大的电气产业基地，德力西温州总部所在地乐清的电气产业集群已入选国家先进制造业集群。其中，德力西以自身效应联合中小企业建设先进制造业集群，从行业标准制定、深耕产品力、全面赋能及构建良性市场秩序等方面建设开放合作、多方共赢的产业链生态圈，形成良好的生态体系，既推动了地区经济建设与城市发展，也反哺了自身发展。

建章立制　为科创提供长期支持

2023年8月21日，德力西博士后科研工作站引进的第8位博士汤龙飞期满报告会在集团工业园举行。自2021年8月进站以来，汤龙飞围绕"永磁操动机构智能控制"这一核心问题，积极开展研究工作，解决了单稳态永磁操动机构存在的硬件控制电路复杂等问题，设计出一套通用的相关硬件驱动系统，为探索复杂控制策略提供平台。在站期间，他还获得4项发明专利授权，发表若干篇专业论文。

与知名高校、科研院所合作，借助智慧大脑提升企业科研实力，一直是德力西的"拿手本事"。2000年，德力西设立了全国同行业首家博士后科研工作站。同时，与西安交通大学、河北工业大学、上海交通大学等高校合作，开展低压电气行业的前沿技术研究。根据不完全统计，工作站已完成7个项目，获得4项实用新型专利、2项发明专利，制定了2项企业标准。

德力西深深明白，只有把科研创新的基因刻进企业骨子里，才能使内生动力更持久，支撑企业高质量发展。为此，集团设立"德力西科技创新基金"，制定《研发经费核算办法》，每年将产品销售收入的3%~5%用于科研，"有了这个基础，我们公司70%以上的产品都拥有自主知识产权"。据不完全统计，近3年，德力西研发技改投入累计超10亿元，引进改造了数十条自动化生产线，开发出"登峰"系列等数百项新产品。

大江流日夜，慷慨歌未央。

德力西创业40年来，紧跟国家战略发展，坚守科研创新初心，为企业发展提供动力不断的制度保障。德力西人用一次次的拼搏努力，生动演绎了"创新是引领发展的第一动力"这句话。

这，或许就是德力西对于"为什么成功"给出的答案。

成功秘诀

一是心无旁骛的超强定力。始终坚持做强电气主业，以科技的力量推动电气产品技术的革新与升级，以国家级企业技术中心和博士后科研工作站为研发平台；同时，积极开展国际技术交流与合作，形成自主创新开发体系，确保科技创新能力走在行业的前列。

二是实业报国的深挚情怀。德力西在聚焦电气主业的同时，善于从国家战略导向中捕捉新机遇，始终把党和国家倡导的理念与自己的擅长点相结合，适时、适度向军工、半导体、新能源和精密制造等领域延伸，既为国家安全、产业链安全作出了实实在在的贡献，又为自己找到了长远可持续发展的"压舱石"。

三是创新图强的经营哲学。在中国电气行业当中，作为首家3次荣获国家科学技术进步奖的民营企业，德力西一直把科技创新作为转型升级的突破口，近几年专利申请和授权数量一直在递增，主导或参与制定国家、行业标准90项，走出了一条科技兴业的创新发展之路。

执笔人：林明

瑞立集团：攻坚克难守初心
创新而立谋长远

企业档案

创始人：张晓平

创办年份：1987年

1991年9月，改名为"瑞安市重型汽车配件厂"

1998年1月，温州市政府发文批准组建浙江瑞立实业集团，工厂改建为浙江瑞立实业集团

2004年9月，被认定为国家高新技术企业

2006年，瑞立集团下属子公司瑞安汽车零部件有限公司在美国纳斯达克成功上市，成为境外上市的第一家温州地区民营企业

2019年，获评浙江省创新型领军企业

2020年5月，自主研发轨道车辆无油风源系统，其核心技术为行业领先

2021年8月，新瑞立汽配连锁平台完成A轮融资5亿元

2022年7月，温州市域铁路S2线动车组首列车亮相，标配瑞立无油风源系统

在全国设立300多家销售公司，服务全国3000多万客户，覆盖10万多家经销商及修理厂；在美国、阿联酋、比利时等国家设立海外分支机构，产品出口到130多个国家与地区。为上汽、一汽、东风、重汽、陕汽、福田、吉利、宇通、比亚迪等60多家国内外汽车制造厂提供产品配套服务，逐步进入全球汽车配件采购体系。这就是浙江瑞立集团的耀眼成绩。

37年来，瑞立集团从一个最初只有几十平方米的破旧厂房、几台简陋粗糙的设备、年产值10万元的作坊式小厂，发展为温州地区汽车配件、摩托车配件（以下简称汽摩配）行业龙头企业、中国气动控制元件产品最大的生产基地，参与起草制定多项国家标准、国家军用标准及行业标准，连续多年上榜"全国百家优秀汽车零部件供应商"中的"优秀制动系统供应商"。

这背后正是瑞立集团的一次次大胆创新和尝试，走出了一条守正创新之路。

攻克"卡脖子"技术　破解行业难题

"科技创新是企业生命线，我们每年保持研发费用投入占营收4%以上。"瑞立集团董事长张晓平认为，汽摩配行业迎来了大变局的好机遇，

唯有坚持技术创新，突破"卡脖子"技术，才能在全国、全球的汽摩配行业中胜出。

瑞立集团目前已创建国家认定的企业技术中心、国家级博士后工作站、浙江省重点企业研究院等科技创新平台，拥有授权专利1358项，其中发明专利117项。同时大力布局新能源汽车关键零部件、无人驾驶汽车和智能驾驶等主动安全领域的前瞻性技术研发，率先研发出AEBS、ESC、ECAS、EHB等高端产品。自主研发的轨道车辆用无油风源系统等获评2020年度浙江省装备制造业重点领域首台（套）产品，突破行业"卡脖子"技术；研发制造的制动气室产品获评国家级单项冠军产品；并在电动空压机等新能源产品上"领跑"国际同行。

无油风源系统的相关技术达到了国际先进、国内领先水平，填补了国内轨道交通装备制造业的空白，打破了国外技术垄断的局面，真正实现了轨道交通装备温州制造。笔者了解到，中国的轨道列车普遍采用有油风源系统，只有青岛地铁和济南地铁使用国外企业生产的无油风源系统。长期使用有油风源系统，会对环保造成压力，还需要经常更换滤芯，不仅过程烦琐，而且还会缩短车辆寿命。随着时代发展，环保理念已深入人心，无油化成为该行业的发展方向。

瑞立集团瞄准这一国内空白领域，持续加大科技研发投入，重点攻关轨道交通无油风源系统无油环保、减振降噪两大世界级难题。其中，针对有油风源系统存在的机油泄漏，以及乳化影响产品本身及下游产品使用寿命等弊端，瑞立集团通过结构创新，辅以风冷技术，一举突破无油自润滑技术难点。

"2022年，我们自主研制的'轨道车辆无油风源系统'，在市郊铁路S2线列车上实现了批量装车应用，一举实现轨道交通关键部件的国产化替代。"瑞立集团副总经理潘银斌告诉笔者，瑞立集团的无油风源系统应用于轨道交通车辆，为刹车提供动力。相较于有油风源系统，无油风源系统具有无油环保、低维护成本、低噪声、高可靠性等特点。

多年来，瑞立集团始终保持车辆制动行业的"领头雁"地位，布局国内市场，同时通过国内大型车辆制造企业"借船出海"，产品遍布全球各地。其中由瑞立集团自主研发的电动空压机解决了漏油等问题，被上海嘉定公共交通有限公司、上海闵行客运服务有限公司等单位广泛使用后推向全国，目前瑞立集团电动空压机市场份额占据了国内的半壁江山以上。同时产品还远销法国、德国、俄罗斯、荷兰、冰岛等国。

人才"输血"和"造血"并重

瑞立集团坚持科技创新和人才培养，突破"卡脖子"难关，积极实施人才优先发展战略，坚持引才、用才、育才并举，注重人才的"输血"，更重视人才的"造血"。作为开创温州民营企业境外上市先河的瑞立集团，早在10余年前就开始漂洋过海求贤才。引进境外人才，对于土生土长的瑞立集团来说，是"走出去"、走向国际化必经的一步。

2004年初，瑞立集团研制的汽车防抱死刹车系统（ABS）获得初步成功，并小批量试生产，但与国际先进水平相比，在技术上还有差距。为赶超国际水平，提升产品在国际市场的竞争力，瑞立集团引进一位南非籍专家，突破关键技术瓶颈，开发了新项目，该项目还被列入2004年国家发展和改革委员会办公厅组织的汽车电子高技术产业化专项项目。

2014年，瑞立集团引进了一名商用汽车底盘控制系统技术专家，在国内率先成功开发商用车电子控制空气悬挂系统等产品，为比亚迪等新能源领军企业批量供货，替代了外国产品。2015年，瑞立集团又致力于攻克高铁动车制动技术，想方设法引进了一名国际知名轨道车辆制动技术专家，最终使瑞立集团的产品运用到复兴号上。

2008年到2009年，在英、美等国笼罩在金融危机的阴云下时，瑞立集团抓住这一"抄底"境外高端人才的时机，高薪聘请了同行业国际巨头的销售高级人才，于2009年、2011年分别成立中国香港分公司和欧洲营销总部，进一步完善了集团的全球营销网络体系。

如果引进的人才只是开花一阵子，发光一阵子，作用会十分有限。要长期吸引他们留在企业，让他们生根发芽，并且最终引领下一代，就需要制度的改革和土壤的培养，实现引进人才在中国的"传帮带"。以意大利籍蒲阿里博士为例，作为掌握行业最先进研发技术的人才，他在做好科研的同时不定期开展由他本人主讲的工艺改进等培训课程，还向研发人员传授经验，提高整个团队成员的技术水平。集团同时启动内部讲师制，从各部门、车间挑选讲师进行集训，目前已有20多位讲师为不同岗位员工开展不同类型的课程培训；设立新员工培训基地，基地长期驻扎着4位"老师"和15位"小老师"，所有入车间的新员工都可参加培训。

此外，集团还创立职业教育板块，加快产业应用型人才的培养。集团依托强大的产业平台兴办职业教育，形成以产业为主轴，浙江省机电技师学院瑞安学院、瑞立中等职业技术学校为两翼的"一主两翼"办学模式，率先实现职技共轨，探索教学、实训、实习"三位一体"的培养方式，强化工学交替，满足多层次技术型技能型人才需求。

打造全国汽配制造业服务平台

在张晓平看来，"健全产业链为的是谋求新的更大的发展"。2020年5月，瑞立集团正式实施"汽配制造＋连锁平台"的"双轮驱动"战略，将国内外商用车后市场业务整合剥离，成立"新瑞立汽配连锁平台"（以下简称"新瑞立"），独立运营商用车配件集成供应平台。

"'新瑞立'以商用车汽配直营连锁平台为切入点，打造面向商用汽车后服务市场的智能产业互联网平台，为上游零部件制造商、下游配件服务终端及相关各方赋能，最终形成多方共享共赢的汽车服务生态圈。"张晓平说，"新瑞立"不仅卖瑞立制造的制动系统等产品，还销售油品、电瓶、轮胎、尿素、空气滤清器、轮胎螺栓、养护品、喷漆等车用产品，实现了"走百家不如走一家"的愿望。

人们对商用车市场的关注度要远远低于乘用车市场，但商用车市场体量不容小视。2022年新能源商用车和出口市场均逆势上扬，特别是2022年1月和11月，销量分别同比增长81.7%和45.7%。商用车市场不同于乘用车市场，国内商用车的整车产业是以自主品牌为主导的市场，包括后市场的零部件也是以自主品牌为主，因此商用车的汽配供应商平台比乘用车更容易发力扩张。"未来我们还将布局连接2000家以上的汽配制造业企业并服务于20万家以上的维修厂。"潘银斌说。

瑞立集团在加快数字化转型的进程中，围绕链主企业在产业链的优势和主导地位，基于丰富的业务场景和痛点分析，着力为传统产业"上云"，赋能数字化，构建共享生态。2021年"新瑞立"完成A轮融资之后，与全球领先的ERP企业管理软件供应商SAP合作，上线"一主两翼"数字化平台，对接上下游几千家供应商的订单、生产、库存、物流等数据，帮助平台上合作伙伴建立起支撑企业精益管理体系的信息平台和大数据分析系统，深入挖掘生产、销售、管理等方面的潜力，助力企业实现数字化协同，管理数字化决策，推动生产全链条、营销全渠道数字化，实现产业互联与效率提升。

"我们在2023年6月完成了B轮融资。"潘银斌说道。目前"新瑞立"已连接200多家汽车厂商，已在北京、上海、广州等30余个核心城市建有中心仓、303家自营门店前置仓，服务覆盖全国300多个地级市、10万多家经销商及修理厂、3000多万名司机。在美国、阿联酋、比利时等国家设立了 7 家海外分公司，产品出口到 132 个国家和地区。

目前，物流集团、交运集团、大型车队等领域的一些知名机构和服务企业已借助"新瑞立"产业互联网平台，实现了产业链的优化和服务链的整合。

成功秘诀

"思路决定出路，战略成就未来，细节决定成败。"这是瑞立集团一直以来的宗旨。

回顾这 30 多年的发展历程，张晓平说，成功源于瑞立集团的正确定位：聚焦主业实业不动摇，坚持科技创新和人才培养，持续推进数字化转型，推动产业转型升级。

如今的瑞立集团依旧坚信：坚定不移走科技创新的道路，定能实现高质量可持续发展。

执笔人：徐慧敏

杰牌传动：传统浙商的数字化升格

企业档案

创始人：陈德木

创办年份：1988年

1996年，成立杭州万杰减速机有限公司，成功研发蜗杆减速机

2002年，成立杭州杰牌建设机械有限公司，成功研发塔式起重机

2005年，成立杭州杰牌传动科技有限公司，成功研发齿轮减速机

2010年，被认定为国家高新技术企业，设立中国机械工业减速机工程技术研究中心

2011年，设立经国家认可的减速机实验室，成功研发行星齿轮箱

2013年，设立国家博士后科研工作站，成功研发整体传动方案

2016年，设立浙江杰牌传动研究院，成功研发智能传动方案

2018年，成立杰牌美国公司，杰牌智能传动未来工厂奠基

2021年，成为浙江省未来工厂企业，成功研发"131"数字产品

2023年，实施杰牌智能传动"研究院+科创中心+未来工厂"创新发展模式，打造人才高地，构建产业生态，聚焦专精特新

走进园区，只见绿树环抱中，一座浅灰色建筑矗立其中。其设计风格现代而简约，线条流畅，给人一种高端而时尚的感觉。绿树环绕的环境又带来了自然的清新和宁静，使得整个厂区既具有现代感又不失生态和谐。这便是杰牌智能传动科技有限公司（以下简称杰牌传动）的未来工厂。

偌大的生产车间里，齿轮热前加工数字化生产线上的机器人正自动完成工件安装。过道中，自动驾驶的自动导引运输车（AGV）将零件从智能中央立库运送到智能生产线上，5万多个物料在这个仓库里被管理得妥妥帖帖。

全流程生态系统、多系统数据中台、一体化产业平台……装配智能工厂内，技术工人只需一台电脑，即可进行拆垛、入库、存储等全自动的智能配送服务。

这不是科幻电影，而是杰牌传动装配智能工厂里的日常生产场景。2021年，由15个主要信息系统和100条主要智能产线构成的未来工厂，正式投入运营。

一股看不见的信息流让传统齿轮工业迸发出新的活力。产品线上的

工人从过去的 20 个缩减到 2 个；产品生产周期从 2 到 4 周最快能缩短至 4 小时，效率提升了 168 倍；年人均产值从 60 万元提升至 300 万元。与此同时，JIEIoT 产品人工成本减少了 80%，停机损失减少 80%，方案实施成本降低 30%⋯⋯

从传统工厂到未来工厂的蝶变，离不开杰牌传动的创始人陈德木。作为杰牌传动董事长兼总经理的他，草根出身，历经传统制造业的筚路蓝缕，走到数字化的十字路口，在知天命之年经历了惊险一跃，完成了传统浙商向数字浙商的代际"跳跃"。

"杰牌传动视技术为生命。"陈德木说，是科技创新成就了杰牌传动的今天，企业主动融入新一轮科技和产业革命，"产学研用"全链条持续完善，每年用于研发费用占销售收入的 5% 以上。在他的带领下，杰牌传动如同一个齿轮，牵引着传统制造与智能制造的变革升级，从生产制造型企业向智造服务型企业转型，科技创新策源地的图景正徐徐展开。目前，杰牌传动参与制定国家行业标准和团体标准 30 余项，申请核心发明专利 100 余项，朝着万物智联的明天奋勇前进。

心无旁骛　专注本行不换赛道

在杰牌智能工厂生活区，有一尊摆放在杰牌楼党群服务中心门口的时钟，时钟并不显示实时的北京时间，而是精确到秒的倒计时：以未来 100 年为时间点，倒计至杰牌诞生之日。

"不争500强,争活500年",这是陈德木的目标。"世界500强企业每年都在变,但能活500年的企业寥寥无几,很显然后者更值得尊敬。"而陈德木每个阶段的目标,无一例外都在努力靠近"争活500年"。

陈德木出生于萧山一普通农民家庭,初中毕业后便进入杭州市房管局做了一名建筑工人,"建筑工人需要具备很多技能,如修墙头、修房檐、修管道等等,几乎无所不能"。尽管很辛苦,但陈德木始终非常用心、努力,差不多用了3个月时间就学会了那些必要技能。做一名工人原本是陈德木的人生路线,但一本偶得的书,让他开始重新思考人生。

有一次,他到一位老师家修房子,因为帮她多修了一些地方,为了表示感谢,老师赠予他一些物品,陈德木一一婉拒。最后,老师拿了本《时代的楷模》给他,并告诉了他一些人生经验。"当时她跟我说人生要有规划,我一下子就被点醒了。"陈德木说。

回家后,陈德木经过长时间的思考,决定做自己喜欢的事情——机械。彼时,恰逢中国乡镇企业兴起,陈德木凭借凑齐的2000元作为集资款到机械厂做机修工。初为学徒的他,怀着对机械的热爱,不断探索技术问题,勤奋、刻苦、努力的他从电气、液压、专机制造等多个方面完善自己的技术,最终成了工厂里的机修高手。"当时工厂里的人说,如果陈德木修不好的话,那就没人能修好了。"陈德木说。

1988年,陈德木离开了机械厂,他凑齐了8000元开始创业,杰牌传动的前身甘露减速机配件厂就此诞生。

公司创立之初，他从零配件和成品代工起步，在10多年的潜心学习中不断积累技术和管理经验，公司产品也由最初的单一类别扩展到蜗杆减速机、齿轮减速机和塔式起重机3类主打产品，对标欧美的标准建设了杰牌传动的产品体系。2008年，杰牌传动已经成为业内的领军企业。

然而，经过将近20年的发展，国内减速机企业的野蛮生长导致行业产能严重过剩，出现"低端粗制滥造、中端竞相模仿、高端依赖进口"的局面，行业内的生产企业数量众多，群龙无首，处于无序竞争状态，杰牌传动也深受市场无序竞争的困扰。陈德木意识到，若因循守旧，将深陷行业下行泥淖，失去核心竞争力。

"当时有句话叫'制造业一分利，房地产十分利，搞投资百分利'，所以，不断有人劝我不要赚制造业的辛苦钱。"陈德木说。

陈德木不为所动，依旧坚定主业发展的想法："如果把减速机当作杰牌传动的主业，能够做到全国前10，甚至世界前10；如果做房产，进入杭州前10都不可能，我为什么要做自己不擅长的事呢？"

如今的陈德木在回顾这段历程时不禁感慨颇多。他透露，当年在长江商学院CEO班学习时，班上有近60名同学，而今一部分同学的企业发展得很好，一部分同学的企业遇到瓶颈，一部分同学失去联系。"这些同学负责的企业之所以发展不同，与企业战略定位和创业环境变化有很大关系。"陈德木说。

孤注一掷　开启二次创业之旅

既然不换赛道,那么杰牌传动的未来该怎么走?

站在"十字路口"的陈德木没有马上给出答案,他需要思考和探索。

为此,陈德木启动了长达 5 年的调研考察之旅,从 2009 年开始,他飞往世界各地,考察各种顶尖工厂,奔驰、宝马、波音的智能生产线让机修工出身的他眼花缭乱,造一个充满未来感的工厂显然比楼盘和基金更让他着迷。

"通过这 5 年的考察调研,我发现制造业一定代表未来的发展方向,我要坚定地往这个方向走,我要创建一个面向未来的制造业工厂。"陈德木说。

2014 年,一场大刀阔斧的改革行动启动了。陈德木提出了再造"新杰牌"的目标。"新杰牌"的定位是成为齿轮行业的创新者、变革者和引领者。"新"即新价值系统、新组织架构、新团队成员,杰牌传动要从生产制造型企业向智造服务型企业转型,成为智能传动方案提供商,同时以"中国的中和之道+美国的创新思想+德国的匠心精神+日本的精益管理"理念贯穿全程。

这就是陈德木口中所说的二次创业,是杰牌传动的一次重大变革,不仅颠覆了过去的企业组织架构、管理模式,还重塑了新的企业文化,构建了新的产业生态。

在争议声中，陈德木只能一遍遍地给全体员工做培训。"最孤独时，连家人都不相信我。"陈德木说。

决心一条道走到黑的陈德木成了孤勇者，"新杰牌"的规划整整做了4年。这期间，项目负责人换了5任，每一任都跟他说"这个太难了，超出了我们的认知范畴"。"要把抽象的想法转换成具象的规划，再把具象的规划画到图纸上，最后要让图纸'变成'实际的工厂，又是全行业没人干过的事，这个难度确实大。"陈德木说。

经过4年筹划，杰牌传动智能工厂终于打下了第一根桩。2018年12月3日，杰牌同阿里云签署战略合作协议，双方宣布将基于云计算、大数据和物联网等技术，共同打造数字化工厂和产品，开启了智能工厂、智能产品、智能服务的新征程。2021年，工厂正式投产。

回想这段二次创业时的阵痛，陈德木感慨比第一次创业还要难。"二次创业是归零重启，与过去完全撇开，等于是自我否定，这需要很大的勇气。"陈德木说，"什么是创新，创新就是改变常态，重塑新的生态"。

重塑理念 "老杰牌"变更为"新杰牌"

5年调研，4年规划，3年建设，2年联调，1年达产，杰牌传动从零起步，用了15年时间打造了全国同行中的首家未来工厂。

在陈德木的理念中，要做就要做一流，否则宁可放弃不做。"如何做到？必须实行战略化推进，在宽度1毫米、深度1公里上下功夫。与此同时还要有一种'病'，就是三句不离本行的职业病，做到高度专注。"陈德木说。

如今，通过"以订单为源头的信息系统、以产品为中心的精益生产、以装配为平台的精准交付"，杰牌传动与阿里云、SAP和汉得等科技企业建立了合作关系，争取打造出一家20年不落后的中国齿轮行业智能制造示范企业。

最重要的是，杰牌传动实现了国产替代、自主可控。陈德木介绍："这个行业几乎没有人讲品牌，以做外国品牌代工为荣，但是，我们及时转型，如今杰牌传动是中国齿轮行业第一家拥有自主知识产权和自主品牌在全球销售和服务的公司。"

经过15年的苦心经营，杰牌传动的未来工厂从"梦想照亮现实"，陈德木也得以圆梦，然而杰牌传动的未来发展尚未画上句号。"制造业大环境瞬息万变，杰牌传动如何才能走上可持续发展之路？我认为只有坚持创新研发才能让我们立于不败之地。"陈德木说。

为此，杰牌传动开创"杰牌智能传动研究院+科创中心+未来工厂"的创新发展模式，建立杰牌智能传动研究院、国家博士后科研工作站、经国家认可的减速机实验室、北大杰牌智能传动联合实验室、西电杰牌未来传动联合实验室、机械工业减速机工程技术研究中心和企业技术中心等创新平台，通过全员成长规划与创新DNA计划，打造产业联盟。

"名校、名院、名所拥有众多师生以及精湛的科研力量，与它们合作，能起到非常大的带动企业的作用。"陈德木表示，杰牌传动未来要以杰牌智能传动研究院为引领，打造人才高地，实现自主可控；以科创中心为平台，构建产业生态，实现五链互联；以未来工厂为基础，定位专精特新，成为"隐形冠军"企业。

实现企业科技创新的另一个重要因素则是人才的管理和培养，而人才如何培养？陈德木的心得是让企业上上下下都保持学习的氛围。

在这方面，陈德木坚持以身作则。初始学历只有初中的他，通过后期的在职学习，一路过关斩将，从浙江广播电视大学文凭到拥有山东大学的本科文凭以及厦门大学的硕士文凭。与一些企业家以学历"装点门面"不同，陈德木是真心实意地学，无论是在创业的哪个阶段，他都时时刻刻在学习"充电"。在取得硕士文凭后的10多年间，他还陆陆续续参加了长江商学院CEO班的课程学习，包括到美国西点军校、瑞士商学院等10多所国际知名商学院的短期游学。而如今已满头白发的他正在攻读浙江大学博士学位。"通过不断学习才能拓宽眼界，寻找自身的不足，激发创新动力。"陈德木说。

针对员工的学习，陈德木更是不遗余力，狠下血本。2015年，在当时商业环境相对萎靡的情况下，陈德木自掏腰包，组织200多名员工到宁波余姚市进行"西点军校"式的残酷训练。在这个耗资百万元、为期7天的魔鬼训练班上，他请来了业界顶级专家为员工上课，分析行业形势，为企业找病根、开药方。同时针对不同的职能部门开设多个专业培训班，提升职员素质，增强产品竞争力。

如今的杰牌传动工厂，每隔半个月到一个月，都会有针对不同部门的培训和学习，规模或大或小，目的都是使员工持续提升自己。"拥有30年经验和一个经验用30年是有本质区别的。在杰牌传动，我们有学习6步法：看到、看懂、接受、计划、行动、成果；向一流的用户学习、向一流的友商学习、向一流的供方学习、向一流的跨界学习、向一流的老师学习。"陈德木说。为实现企业和每一位员工的价值，杰牌传动启动智造"500"计划，通过精益制造道场，帮助员工规划人生目标、设计晋升通路、搭建事业平台。

从"老杰牌"到"新杰牌"，从离散制造到流程制造，从传统工厂到智能工厂，从单一产品到数字产品，从生产制造到智造服务，杰牌传动的转型让"中国智造"的小齿轮走向世界，而这也是企业36年来持续创新发展的结果。

成功秘诀

其一，坚守主业，立足创新。在面临行业瓶颈时期，陈德木不为外界的利益所动，坚持主业发展不放弃，深入思索行业的未来发展，通过断臂求生的方式进行自我革命，成功转型升级，最终迎来企业发展的华丽转身。而这背后是巨大的科技创新投入，使得企业在狭路相逢的竞争中赢得胜利。

> 其二，面向市场，打造品牌。如今的陈德木依旧表达了对企业创新发展的愿望：让杰牌传动立足中国市场，服务全球市场，最终成为世界品牌。

执笔人：付三禾

龙兴航电：航空电子业的耀眼新星

企业档案

创始人：胡兴

创办年份：2020年

2021年4月，取得国际航空航天质量体系认证AS9100D证书

2021年10月，取得CCAR-21部资质，获得中国民用航空局颁发的《零部件制造人批准书》

2022年8月，获第十一届中国创新创业大赛（浙江赛区）暨第九届浙江省"火炬杯"创新创业大赛优胜奖

2022年9月，取得AS9120B航空航天质量管理体系证书

2023年4月，获评杭州市准独角兽企业

2023年9月，自研产品取得技术标准规定项目批准书（CTSOA），制定中国行业标准

2023年10月，获得第十二届中国创新创业大赛高端装备制造全国赛第三名、浙江省总决赛第一名

2023年11月，胡兴入选"2023福布斯中国·青年海归菁英100人评选"名单

2023年，公司相关项目被列入浙江省科技厅2024年"尖兵"研发攻关计划

2024年，取得CCAR-145 部维修许可证资质(浙江省首家独立145部部件维修单位)

航空工业一直是现代工业体系中的皇冠，航电系统在航空工业中更是占据着举足轻重的地位。航电系统作为飞机的"中枢神经系统"，是飞机实现各种功能和任务的关键技术之一。长期以来，国内航电产业一直遭到国外的垄断和技术封锁，处于空白状态。2020年，当年的高考县状元、后来的牛津大学硕士、中兴集团曾经最年轻的副总裁胡兴回国后在杭州市萧山区创立龙兴（杭州）航空电子有限公司（以下简称龙兴航电），致力于解决国产大飞机的"神经病"——航电系统。

龙兴航电自落地杭州以来，每年业绩保持500%以上的增长，目前已是估值超过1亿美元的准独角兽企业。

知识产权方面，公司共计获80项知识产权专利，其中20项为发明专利。

技术资质方面，截至2023年底，公司拥有AS9100D以及AS9120B航空航天质量管理体系认证证书、《零部件制造人批准书》、技术标准规

定项目批准书、航材分销商证书、CCAR-145 部维修许可证。龙兴航电拿齐全套资质的用时，远远短于行业平均取证时间。预计于 2024 年取得 WQAR、ELT 等产品适航证书。

荣誉奖项方面，公司获得多项国家、省、市级荣誉，包括 2023 年杭州市准独角兽企业、国家高新技术企业、国家科技型中小企业、杭州市"雏鹰计划"企业，入选浙江省科技厅 2024 年"尖兵"研发攻关计划、2023 年度萧山区重大科技计划，荣获科技部第十二届中国创新创业大赛高端装备行业浙江省第一名。

龙兴航电团队优秀、实力雄厚，位于国内民营航电企业第一梯队。公司适航资质获取能力强，研发、产品及服务能力被优质客户验证和认可。企业战略规划目标清晰，具备做大所需的人才、项目、资金获取能力，未来有望成为中国民用航电领域的领军企业。

给 C919 大飞机做配套并改良民航电子通信系统

2024 年 2 月 21 日，龙兴航电董事长胡兴在朋友圈晒出他的最新"战绩"，配图是一架翱翔在天空的 C919 大飞机，旁白文字为："感谢相关领导和付出辛劳的公司 145 团队。这是龙年开年第一个大红包啊，公司今天获得了 CCAR-145 维修许可证，也就是说公司可以做航空维修了，我们是浙江省第一家独立的 CCAR-145 部部件维修单位。"

龙兴航电坐落在萧山悦盛国际中心。几年前，这里是一片滩涂，现在已经成了5G产业中心，几十家"小巨人"企业在这里扎根。在考察了四五个城市后，胡兴团队最终把创业地点选在了杭州。这里有人才优势，距离上海又近，交通便利，最重要的是营商环境超级好。

龙兴航电是一家航空机载电子设备提供商，公司聚焦航空电子领域，立足航空通信、航空显示、综合模块化航空电子系统（IMA）等，为中国大飞机产业和全球民航产业提供以国产技术为主导的航电产品以及智慧化解决方案。

航电产品是龙兴航电的主营业务和未来战略发展方向，目前，公司航电产品主要从航空显示系统和航空通信系统切入。主导研发的6款产品已经实现了对国外巨头公司诸如霍尼韦尔、泰立达、柯林斯等产品的进口替代，在中国商飞、中国电科、国航、东航、顺丰、圆通等重要客户的大飞机上成功商用，大多是国内前沿且唯一产品，部分解决了行业"卡脖子"的问题。

如大家耳熟的"黑匣子"，其实它不是黑色的，而是橙黄色或其他明亮颜色，通常指飞行数据记录仪或飞行信息记录系统。现代商用飞机一般安装两个黑匣子，分别是"驾驶舱语音记录器"和"飞行数据记录器"，用于航空器飞行事故的调查、维修和飞行试验。"黑匣子"可以用来记录飞机在飞行过程中的各种参数，如飞行的时间、速度、高度、飞机倾斜度、发动机的转速及温度等，以及驾驶员与乘务人员及各个塔台之间的对话等。当飞机发生故障或事故时，找到"黑匣子"，从中读出记录的各种数据，能够帮助技术人员分析飞机出现故障或失事的原因。一旦发生飞行事故，飞机上的"黑匣子"需要送回飞机制造商所在国家破译编码后再发回来，不仅时间长，而且不能知晓许多数据。

"我们研发的通信系统，希望能让'黑匣子'不仅仅用来做事后的分析。"胡兴表示，公司航空显示板块里的LCD显示屏是对波音飞机B757/B767/B737CL驾驶舱内的传统显示屏的升级和替换，主要用于航空器的飞行姿态和状态显示，其整体功能是将机上各种传感器的信息进行收集和处理，并通过显示器显示出来，以帮助飞行员了解飞机的状况和飞行姿态，从而进行飞行决策和控制，是飞机座舱中的主要部件。公司开发的航电通信系统，主要用于飞机和地面之间的通信和数据交换，已有产品包括机载卫星电话（IPPhone）、紧急定位发射器（ELT）和无线快速访问记录器（WQAR）。其中，IPPhone是航空应用特制VOIP电话机，与航空公司IPPBX组成内部电话网络，并可接入三大运营商的电话网络；ELT能够在紧急情况下，通过406MHz卫星频率发送位置给卫星。在搜救中，该装置通过发射121.5MHz信号，对飞机进行定位；WQAR通过地面网络或者卫星网络连接，可快速、方便地访问原始飞行数据的机载记录仪，可以替代部分"黑匣子"的功能。

2.4 万个飞机显示屏构成亿元产品市场

胡兴堪称空中飞人，"北京的朋友以为我家在北京，深圳的朋友以为我家在深圳，因为不论多早或多晚，只要提前约定跟我见面，我几乎都会准时赴约。"胡兴说,他一年要飞 200 多趟航班,早上在北京,中午到上海,晚上就在深圳跟客户会谈了。"有一天,我吃了 5 顿不同时区的早餐,跟 5 拨不同的客人约谈。"胡兴说,这种空中飞人的创业生活让他感受到了激情,他不觉得苦,而是乐在其中。

胡兴这个空中飞人,也从飞机中找到了商机。目前,我国有超过 4000 架存量的大飞机,其中有一大半是老旧机型,由于老式显示屏的寿命和老化问题,存在强烈的屏幕改装需求(一架飞机一般是以 6 个驾驶舱显示屏为主)。而该产品的主要供应商因为维护成本较高、供应链不全等原因,在性价比和响应速度方面无法满足产品的改装和维护需求。龙兴航电通过澳大利亚子公司获取了澳大利亚产品供应商的 IP 授权和独家代理权,由公司定义产品需求,配合供应商设计、生产和测试,并由公司完成适航取证,在国内进行销售。鉴于该产品目前是国内唯一可以替代波音机型产品的零部件,市场化情况非常好,龙兴航电已与顺丰、圆通、西北货航、邮政航空公司等签订了价值近 2 亿元的合同,与中州航空公司、中原龙浩航空有限公司的合同也在流程中。未来,公司计划将针对空中客车 A320 系列飞机开发同类产品,有效扩大产品应用机型,并将产品设计和生产从国外转移至国内,利用国内供应商完成国产化,保证供应链的安全。

IMA 是航空电子设备中负责控制和处理数据的中央处理器,是飞机的"大脑":一组由共享的、灵活的、可重复使用的硬件和软件资源组合而成的公共资源平台,可以驻留各种应用软件以执行各种飞机机载功能。

按照航电系统顶层失效状态严酷度等级，IMA 由于其核心重要地位处于 A 级（灾难级），在航电系统中级别最高，处于研发难度金字塔顶端。龙兴航电从短研发周期、高现金流的低等级航电设备出发，逐步实现突破，终极目标为高价值的 A 级 IMA，以内生+外延形式实现全航电设备国产化，预计未来 5 到 8 年逐步实现产业化，打开公司远期业务的想象空间。

吃得苦的年轻人"Mr. Hu"曾在非洲成为网红

胡兴是个典型的湖南汉子，性格直爽，又很"倔"。2002 年高考，他发挥失常，没有被心仪院校录取，他就在县城的联通营业厅找了份卖手机的工作。因为业绩优秀，他很快被升为店长，门店一直是市里同行中的销售冠军。胡兴的秘诀就是勤奋，他善于琢磨如何让顾客的购买体验更好。

2004 年春节，他高中时的班主任田小成老师来买手机。田老师知道胡兴的潜力，问："你想一辈子卖手机吗？"这一问触动了胡兴，他决定给自己一次重新选择的机会，便跟着田老师回到了校园，备战 5 个月后的高考，竟然一鸣惊人地考了个县状元，进入中山大学攻读考古学专业。"读书没有捷径，憋着一口气，就是为了证明自己还行。"

考古这个专业是最锻炼耐心的，挖掘几米深的地层，要徒手一点一点地刷，容不得半点毛躁；也是最锻炼勇气的，在深山老林荒郊野外，特别是夜里，面对墓地里的幽幽白骨和凄凄冷风，仍然要静下心来，摒弃杂念专心干活。

大学毕业后，胡兴拿到了跨国公司的offer，但为了照顾生病的家人，他选择了回到家乡湖南省怀化市，再次进入联通工作。

2010年，把母亲安顿在浙江省温州市的姐姐家后，没有后顾之忧的胡兴，决定再去深圳闯一闯。

"我妈妈和姐姐到温州安家已经快30年了，2个姐姐的孩子都出生在温州，温州已经是我们的第二故乡。"胡兴在朋友圈里说自己是半个浙江人，对浙江充满了感情。

2010年左右的深圳，名气最大的企业就是华为和中兴。很快胡兴拿到了中兴的offer，担任基层的客户经理。入职才11天，他就被派往非洲肯尼亚首都内罗毕负责终端业务。领导本来并没有对他寄予厚望，只是嘱咐他业务量别丢太多就行了。没想到才2个多月，胡兴就拿到了300万只手机、总价值3000多万美元单子的100%的市场份额，轰动了整个海外市场。他很快转正，并被提拔为科长，半年不到他又拿到了一个50万只数据卡的订单。这2个项目相当于帮助当地一千多万人从石器时代跳跃进入了信息时代。

能做出这么漂亮的成绩，除了公司产品质量过硬外，还跟胡兴的肯吃苦、不怕累的性格有关。他去潜水，潜到鼻子出血也不放弃，最后拿到了最高级别的潜水证；他去骑行，从珠海到北京2000多公里的路程，骑到屁股都烂了；他在非洲工作6年，得了5次疟疾，病中还为罹患疟疾的同事辗转万里送药。后来，他又在南苏丹交付了上亿美元的通信项目，为此他住在集装箱，在尼罗河洗澡，吃的是馒头蘸"老干妈"；带着团队打井取水，修房子建围墙，硬是将营地改建成当地的社交中心，还在当地捐建学校、图书馆，资助足球队、选美活动等，"Mr. Hu"几乎成为当地"网红"。

2016年他再次升职，担任中兴副总裁，负责沙特分公司，6年时间，他在中兴创下集团内最快的升迁纪录。

后来，他去牛津大学留学深造，开始关注最前沿的航空领域。这一领域多年来一直被国外垄断，国内飞机99%来自波音、空中客车等跨国企业；从整机制造到零部件生产，国内几乎是一片空白。

2020年从牛津大学毕业回国后，胡兴成立了龙兴航电。在他看来，我国的航空产业市场规模高达万亿元，从航空公司机队规模和航线运输周转量等指标来看，我国已经是仅次于美国的民航大国，民用飞机市场需求旺盛，未来还有几千架飞机的需求。而且经过几十年的改革开放，中国拥有强大的工业实力，国家对航空领域也陆续出台了较多的鼓励政策。

立志做正确而有难度的事情且必须成功

万事开头难，从0到1的难度比从1到10的难度要大几十倍。中国的大飞机项目面临的困难很多：航空产品研发门槛极高，行业供应链不完善，专业技术人才匮乏，缺资金……但这些对胡兴这位"倔"人来说，都是机会。

"永远坚持，做正确而有难度的事情，挑战自我。"从牛津大学毕业回国后,作为一位跨国公司前高管,胡兴放弃了稳定高薪的工作,毅然选择了创业,选择为民族工业贡献力量。航空工业是整个制造业的皇冠,在这样的领域创业,是九死一生的尝试。但这也正是胡兴一贯以来的做事宗旨:做正确而有难度的事情。当遇到困难时,不要轻易放弃目标,也不要轻易放过自己,只有自己相信自己,才能得到别人的信任。

"在中兴和华为干过的人,总有一种'没有什么事中国人干不成'的魄力和勇气。"胡兴见证了中国通信企业从跟随到领跑的全过程,当年国内的通信行业基本被跨国公司所垄断,在没有政策支持、缺乏行业人才的情况下,中兴、华为等民族企业进入赛道,靠自主研发、自我造血一路奋斗至今,打败了这么多的巨头。"华为和中兴的开端并不比现在的航空产业容易。我想在航空产业再书写一下通信行业曾经的中国故事,让'中国制造'飞向全世界的蓝天。"胡兴对此很有信心。

在胡兴看来,我们的航空产业一直发展不起来,主要是因为资质和人才的匮乏。龙兴航电的产品有着严格的从 A 到 E 的等级划分,目前国内企业能自主研发的最高航电资质只有 D 级。归根到底还是人才和技术问题,所以公司成立至今,胡兴一直在发挥自己的全球人脉去寻找专业人才。

龙兴航电有 130 多名员工,拥有博士和硕士学位的人员比例过半。有来自空中客车、波音等知名航空公司的精英,也有国内知名企业的技术大咖。公司首席运营官(COO)拿过全美华裔工程师奖,很多人只拿之前十分之一的年薪跟着他一起奋斗。一方面,是大家对产业理想的追求胜过对金钱的追求；另一方面，则是因为胡兴的人格魅力。正如公司COO Grace Jiang所说：和胡兴一起创业很开心，他是一个不会为了钱而放弃朋友的人。将这么多的华人精英聚集在一起，是国家的实力、产业的实力，也是龙兴航电的实力。

创业除了人才之外，还要找钱、找市场。公司成立4年多，遇到了不少困难，但胡兴很感恩：和一群志同道合的伙伴携手前进，并且队伍在不断壮大。政府和相关银行在场地、人才、资金等多方面给予了优惠政策和支持，助力公司的发展。目前，好几家央企都采购了龙兴航电的产品，虽然初始规模不大，但代表了对龙兴航电的认可和信任。

成功秘诀

> 第一，坚守初心，保持定力，才能行稳致远。金庸先生在小说中说，"侠之大者，为国为民"。国家需要、产业情怀，是胡兴为自己的创业故事写下的注脚。他相信创业也如武功修行一样，为国为民，才能做大做强。
>
> 第二，聚集人才，走向高端，才能拓展市场。胡兴表示，期待未来能更加契合客户需求，提供综合竞争力强、国产替代示范效应好的航电设备，为中国的大飞机腾飞贡献自己的绵薄之力。

执笔人：张云山

克里特：给西气东输造阀门的隐形冠军

企业档案

创始人：李永国

创办年份：1998年

2009年，克里特集团成立，在浙江省衢州市龙游经济开发区征地80亩，生产厂区建筑面积20000平方米

2012年"Q367N-600型蜗轮传动锻钢全焊接管线球阀"被评为浙江省科学技术成果

2013年"Q867N-64 DN250气液联动紧急切断阀"及"Q967N-64 DN450型全焊接管线球阀"被评为省级工业新产品

2016年12月研制的48"-900LB(48" Q967X-900LB)全焊接球阀样机正式通过中国通用机械工业协会的国产化鉴定，达到国内外同类产品先进水平

2013年，被评为国家高新技术企业

2020年，完成大口径子母密封阀座球阀、轴流式调节阀、安全切断阀、监控调压阀等国内外先进产品的国产化鉴定

2022年，集团与浙江力诺动力有限公司（以下简称浙江力诺）合作设立克里特机械，在温州设立高端海洋安全切断阀生产基地，持续为国家能源进步服务，特别是打破依赖进口产品的局面

2023年，获评浙江省隐形冠军企业

从上海的早餐小贩，到工厂学徒，再到阀门制造公司创立者，这就是克里特集团董事长李永国的成长历程。李永国认为，科技创新和人才招引是公司发展的最大动力，必须把聚集人才摆在第一位。自从2009年创立以来，克里特公司营业收入每年增幅都超过20%，持续增长，2023年成为隐形冠军企业，也成了阀门行业的一颗新星。

目前，克里特集团获得了10项发明专利、26项实用新型专利，并参与了天然气管线球阀国家标准的制定，在全国球阀生产领域拥有了重要话语权。公司30%左右的产品还出口到美国、阿联酋、墨西哥、俄罗斯等国家。

这个学徒爱钻研　技术经营皆懂行

1996年，初中毕业的李永国到上海谋生。从温州市永嘉县到了大都市，没啥文化和技能的他只能在一家早餐店学做大饼和油条，每天凌晨3

点起床,上午 10 点下班,辛苦一年也攒不下几个钱。

感觉做早餐没有发展空间的李永国,于 1998 年回到了永嘉,进了一个民营阀门厂当学徒,工资 150 元一个月。这个学徒跟其他人不一样,别的学徒下班就出去吃饭、逛街,这个学徒下班后还在厂里对着阀门拆了装、装了拆。师傅对他的评价就是:这个学徒爱钻研、有点倔。不出半年,李永国的技术就在同一批学徒中脱颖而出。

后来,这家工厂的老板要去建筑业发展,就提出让李永国每年缴 1.5 万元租金,把厂子接下来,专门制造阀门和代加工。接手工厂后,由于李永国肯吃苦,技术又过硬,交货很准时,价格也实惠,客户越来越多,工厂慢慢发展壮大。2005 年,工厂的产值达到 2000 万元,但主打产品还是普通阀门,附加值较低,赚的都是辛苦钱。

在克里特的工厂里,最忙碌的人就是李永国。他把工厂当家,每天早上 7 点前准时到厂,晚上 10 点多才回家。他没有其他爱好,只是一心研究工作,工厂里每个零件还剩多少库存,他不看电脑就能脱口而出。近 30 年来,他不炒房、不炒股,只做一件事——造阀门。

1 台阀门能换 4 辆车　打破国外技术垄断

在位于衢州市龙游县的克里特工厂里,几个长得像空间站返回舱一样的天然气子母密封球阀正在进行最后的产品测试,等待装车。再过几天,它们就将被运到大西北,被放进西气东输的管道做试验。

"别看这些球阀外表普通,它们可是打破了外国技术垄断、实现了自主创新的产品,可值钱了,一个大口径球阀就要200多万元,足够购买4辆进口豪车了。"李永国说,公司还有几款正在研发的新款球阀有望打开高端市场。

走进克里特工厂就像进入一个阀门博物馆,除了球阀、闸阀、截止阀、止回阀、蝶阀、电站阀、平板闸阀等各类阀门外,还有自力式调节阀、安全切断阀、子母密封球阀等天然气管道专用阀门。"最初我们只能做最简单的闸阀,后来慢慢做截止阀、球阀,再渐渐挤入大口径全焊接球阀、金属硬密封球阀、高温高压球阀、顶装式球阀、三通和四通球阀等高端市场。"李永国说,他像一个打怪兽的游戏玩家,一路打拼下来,靠的就是坚持、创新和人才。

几十次出国没去过景点　　参展只爱看阀门

本来赚代工费的日子还算舒服,但2005年出国参展的经历,一下子把李永国岁月静好的日子打破了。"到了展位,别人的球阀一台要卖几十万美元,我们的产品才卖几千、几万元人民币,样子差不多,价格却差几十倍。很多新款的阀门,我见也没见过。"震撼之余,李永国觉得他也要做高附加值阀门,不能再在普通阀门领域打价格战了。

但要从代工贴牌向名牌转型谈何容易,要技术没技术,要资金没资金,要人才没人才,几乎每道难关都难以突破。那几年,李永国几乎看遍了美国、德国、日本、意大利等工业强国的机械展。一下飞机就去逛展会，逛到最后一刻再赶飞机。别人出国都是逛展之余看风景，李永国出国几十次，几乎都是机场、酒店、展会三点一线，景区一个都没逛过。他还遍访各地名校，向专家咨询，请他们帮助推荐人才。"国外很多阀门企业都是发展百年的企业，我们只能先学习消化吸收，后进行改进，慢慢摸索着前进。"

李永国决定打造阀门领域的克里特品牌，走自主研发创新之路，并把公司定位转移到了天然气、石油输送和军工配套阀门产品的研发和生产上，主打进口替代。"我们当初进入管线球阀这个领域时，很多产品都要靠进口。我们想替代进口，觉得这个领域有很大的潜力，能为节省国家外汇作出贡献。"李永国表示。

2009年，李永国把企业总部迁至衢州市龙游县，将企业正式更名为克里特集团，引进了全新的生产线。克里特集团的入驻获得了龙游县政府各项配套政策的支持，用李永国的话说就是："可以更好地施展拳脚了。"

他还亲自率队远赴德国、意大利等国家选购先进设备，先后花费近3000万元引进国外高端设备来建成集团的阀门生产线。

以人才聚集保证技术领先　以技术优势吸引资本投入

在克里特公司门口张贴着的招工广告中，数控车工、镗床工的工资每月7000元～15000元，技术人员工资10000元以上。"这个收入，在龙游已经算高的了，我们的技术人才收入更高，只要你有能力，上不封顶。"李永国表示，克里特有一套成熟的绩效考核方案，针对技术骨干还采用技术入股或者业绩提成等分配方式，以此来留住人才。

"人才是克里特创造品牌的主导力量，是我们走出去招投标的头一张名片。"李永国深知人才对企业技术创新的重要性，"打破技术壁垒的产品竞争最终体现在技术和人才的竞争上"。为此，李永国紧盯国内阀门制造领域的顶尖人才和专家，同时密切关注从国外回来的行业人才，不惜花费重金邀请他们加入克里特集团。

设备投入也不能节约，公司拥有数十台大型加工中心、数控车床、数控立车、数控镗铣床以及国内阀门行业少有的大型全自动埋弧焊机和数控螺杆顶压式阀门性能试验机，配置了光谱、力学、探伤及各种理化试验设备。

2010年克里特集团投入大量资金和技术人才研发了大口径、高压力泵阀，2012年公司自主研发了天然气全焊接长输管线紧急切断阀和煤化工高温耐磨球阀，这2种产品填补了国内空白。"拿到认证书的时候，我真的哭了，觉得之前的一切付出都是值得的。"李永国说，使用国外进口设备出现问题的话，等待天然气管道阀门上门服务需要一个多月时间，而同样的问题克里特公司保证48小时就能到现场。

2024年5月7日，克里特跟浙江力诺深度"联姻"。至于为何选择了浙江力诺作为股东，李永国表示，公司接到了很多的投资意向，但浙江力诺跟公司的主营业务正好互补，有望为公司带来更多的客户，有利于公司的后续发展，是一种双赢。浙江力诺在投资克里特之后表示，和克里特合作，可以取得相关行业准入资质，拓宽产业链，建立阀门核心检测平台。

成功秘诀

第一，特别重视专业人才的招引和技术创新。克里特的研发中心聚集着大批高、中级各类技术人员，重视人才和坚持创新是克里特成功的关键。

第二，要有研发新产品替代进口的决心和勇气。依赖进口就可能被"卡脖子"，企业家要有打破国外技术和产品垄断的责任意识，敢于赶上和超越国外先进技术水平。

执笔人：张云山

后　记

当许多读者向我们提出强烈需求和建议时，我们就着手筹划编撰了《创新崛起：风起云涌的浙商第一方阵》这本书。从编撰方案拟订、案例企业选择、专家审评、记者组织、现场采访，到撰稿收稿、集中统稿、责编审稿，已历经 2 年余。其间被新冠疫情耽搁了许多时日，今与读者见面，我们倍感欣慰。

选入本书的企业主要有：一是在全球或全国细分行业里的单打冠军或龙头企业；二是创新能力百强企业、科技领军企业、科技"小巨人"企业等，特别注重高成长性。已在《雄居天下：风起云涌的浙商第一方阵》中介绍过行业经验的企业一般不再入选。由于篇幅和时间所限，一些规模、利税、科研能力均好的企业尚未入选，有待以后再行宣传和推介。

诚然，由于采访调研不够深入，了解企业不够透彻，同时受编撰者自身水平和概括能力所限，对企业的成功秘诀、丰富经验和发展的深层逻辑挖掘不够，有待进一步深化。

在本书即将出版发行之际，我们衷心感谢浙江省科学技术厅领导对本书编著工作的关心、鼓励和支持！

衷心感谢各市、县（市、区）科学技术局对我们工作的大力支持！

衷心感谢入选企业对调查采访的积极配合，感谢相关记者付出的辛勤劳动！

衷心感谢浙江大学出版社编辑在百忙之中先行编审本书！

凡对本书编著出版提供帮助的所有单位和个人，我们在此一并致谢！

尽管我们已经做了不懈努力，但书中不当之处在所难免，敬请读者诸君指正和海涵。

浙江省高新技术企业协会
2024 年 2 月